こういう誰でも思いつく単純な疑問に立ち返ってみよう。すると、じつはカント倫理学の「中」にはこうした疑問に対する明確な答えがまるでないことに気づく。それでもあえて答えを求めれば、それはカント倫理学全体を支えている思想や信念、もっと言えばカントの「個人的好み」とでも言っていいものに行き着くように思われる。

カントは疑問の余地のないほど普遍的かつ必然的な倫理学を打ち立てたつもりでいるが、それにはことごとく疑問符が付けられる。といって、カント倫理学がまったくの錯覚からなる砂上の楼閣であるわけではない、その全体が無価値であるわけではない。

倫理学に論理学や数学と同様の普遍性・必然性を期待することはできない、と私は思っている。倫理学は価値に関する学問であるゆえに、価値の普遍性・必然性が保証されない限り、倫理学の普遍性・必然性は保証されない。そして、価値の普遍性・必然性はけっして保証されない。カントは果敢にも絶対的に普遍的な倫理学を確立しようとありとあらゆる努力を惜しまなかったが、じつのところ無前提のさまざまな思想あるいは思い込みを取り込むことによって、ようやく外見上の普遍性を維持しているだけである。それは論理的には破綻している。しかし、それを支える思想は健全であり、人間に対する深い洞察に基づいている。その意味で、いまなお大いなる「力」を持っている。倫理学としてはこれで充分であり、これ以上は望めない。私の言いたいことはこのことだ。

一般に、さまざまな倫理学説にはそれを主張する哲学者の価値判断、信念、さらには好みが相当入っているので、何ごとかを前提しなければ「正しいか否か」は判定しがたい。カントは、道徳的善さは普遍性と必然性を有していなければならず、そのためには感性ではなく理性のうちに、実質ではなく形式のうちに、その根拠（源泉）がなければならないと考える。しかし、なぜそうなのかをカントは論証しえない。

では、あらゆる倫理学説はまったく対等なのか？　そうではない。やはり人間的現象をいかに広く深く見ているかによる優劣の判定はできるであろう。倫理学説にはその哲学者の持つ信念が色濃く影を落としているのだ。

カントの場合、それはきわめて鮮明であって、「誠実性の原理」に対する信念と呼ぶことができよう。それは、生命や安全や快適など、いわば「幸福の原理」を第一に置く倫理学と真っ向から対立するものである。すなわち、道徳的善さは誠実性のうちにあるという信念、誠実性の実現のためには自己愛を徹底的に粉砕しなければならないという信念、誠実性の源泉は理性にあって幸福や快のうちにはないという信念、誠実性はけっして個々人の（経験的）心理状態ではないという信念などから成っている。

こうした信念は「正しい」のであろうか？　それとも間違っているのであろうか？　そう判定する場はどこにあるのだろうか？　倫理学の限界がここに現れる。言い切ってしまえば、信念の正誤を判定する客観的な場はない。それぞれの人間がある信念に共感する以外にないのである。ニーチェは道徳の系譜を「力への意志」によって説明しようとしたが、それとて一つの信念に基づいた解釈である。確認しておこう。いかに普遍的かつ必然的な倫理学を打ち立てたとしても、それを承認する普遍的かつ必然的な場はないのだ。J・L・マッキーは一階と二階の主観性・客観性を分けてこの問題を論じた（J. L. Mackie, *Ethics: Inventing Right and Wrong*, Penguin Books Ltd., 1977, 邦訳『倫理学』哲書房）。一階の主観性・客観性はそれぞれの倫理学説内部のレベルで成立し、二階の主観性・客観性は、それぞれの倫理学説に共感するか否かのレベルで成立している。だから、きわめて客観的な倫理学の理論が単なる主観的好みによって支持されることもあれば、道徳的善さは単なる主観的好みであると主張する価値相対的立場が広く間主観的（客観的）に支持される場合もある。

長く考えてきた問題である。私はカント倫理学に共感するが、あらためて反省してみれば、道徳的善さの中核に「誠実性」を置くこと、それが幸福や快より尊重すべきであること、自己愛を徹底的に粉砕すべきことなどに、個人的に共感しているだけなのかもしれない。

しかし、このことは語ってはならないことであり、語ることのできないことであろう。私は自分がカント倫理学に共感する真の理由を知らないし、知る必要もない。道徳的善さとは何かに関しては、各人は自分自身の感受性や信念や個人的経験を抱えたまま、しかもあたかもそれを無視できるかのように、あたかも普遍的観点に立っているかのように、語ることができるのみなのである。

悪への自由

カント倫理学の深層文法

目次

目　次

凡　例

（1）カントからの引用はすべて拙訳である。その場合、『純粋理性批判（*Kritik der reinen Vernunft*, 1781/1787）』、『人倫の形而上学への基礎づけ（*Grundlegung zur Metaphysik der Sitten*, 1785）』、『実践理性批判（*Kritik der praktischen Vernunft*, 1788）』、『判断力批判（*Kritik der Urteilskraft*, 1790）』、『人倫の形而上学（*Die Metaphysik der Sitten*, 1797）』は Philosophische Bibliothek 版、それ以外の『単なる理性の限界内における宗教（*Die Religion innrehalb der Grenzen der bloßen Vernunft*, 1793）』、『実用的観点から見られた人間学（*Anthropologie in pragmatischer Hinsicht*, 1798）』は Akademie 版を使用した。また、『倫理学講義（*Eine Vorlesung Kants über Ethik*, herausgegeben von Paul Menzer）』は、Pan Verlag Rolf Heise / Berlin, 1924 による。

（2）引用文後の（　）内の略号は次のものを意味し、その下は原書のページ数である。

「B」→『純粋理性批判』第二版
「基」→『人倫の形而上学への基礎づけ』
「実」→『実践理性批判』
「判」→『判断力批判』
「倫」→『人倫の形而上学』
「宗」→『単なる理性の限界内における宗教』
「人」→『実用的観点から見られた人間学』

（3）引用文中の（　）は原著者のつけたもの、〔　〕は私の補足である。

（4）引用文における強調はすべて原著者のものである。

第一章　自然本性としての自己愛

1　カント倫理学を支える信念

自己愛の強さと普遍性

興味深いことに、カント倫理学は徹底的に功利主義を敵対視していながら、人間における快や幸福追求の普遍性を功利主義と同じくらい、いやそれ以上に認めている。それは、すべての人がふんだんに具え、たえずそれに引きずり回されている打ち消しがたい欲求であり、その中心に「自己愛」が居座っている。このことをしっかり押さえておかなければ、カント倫理学の真意は理解できないであろう。表面的にきれいに解読したつもりでも、ピントの外れた写真のようなぼやけたものでしかない。

自己愛を徹底的に粉砕すべきだと言うと、必ず少なからぬ人から質問される。なぜ自己愛はそれほど悪いのか、と。ああ、こう質問する人は、多分自己愛が希薄であるとともに、他人の自己愛に対する嫌悪感も希薄なのだ。自他の自己愛の醜さに全身鳥肌が立つことがない、私からすると理解不能な異邦人である。

とはいえ、世の中には自己愛の比較的希薄な人がいることも私は知っている。彼らはごく自然に他人のことを思いやり、ごく自然に自分の欲望を消していく。自己愛と「みんなの幸福」をごく自然に調節することができる。さしあたりできないまでも、それを目標にすることができる。こういう人にとって、カントの取り組んでいる課題を（頭ではともかく）全身で理解するのは、至難の業であろう。

自己愛の異様に強い人（カント自身のような）こそ、カント倫理学に入っていける。カントの向かっていくとてつもなく困難な課題が見えてくる。自己愛を中心とする幸福追求が強く打ち消しがたいからこそ、それに対抗するためには、この欲求に見合うほど力のある「理性」が必要なのだ。

理性主義、すなわちカントの異様なほどの理性への信頼は、ここから導き出される。理性がもともと絶大な力を持っているからではない。むしろ快や幸福追求の絶対的強さに対抗して、理性の強さが要求されるのであり、しかも後者は事実上おうおうにして前者を打ち負かすことができず、ただ権利上その完全な支配を食い止めうるにすぎない（このことについては、次章以下の考察によって次第に明らかになるであろう）。

通俗的講義をまとめた『実用的観点から見られた人間学』は、次の文章で始まる。

人間が「私」と語りはじめるその日から、彼はその愛すべき自己を許される限り前面に押し出し、エゴイズムは留まることなく前進する。（人　三二）

付言すると、カントが最も問題視する、よって克服の難しい自己愛とは、なりふり構わずのごりごりのエゴイズムではない。そうではなくて、自分の（精神的・肉体的）能力や優秀さに対する絶対的自信に裏打ちされた肌のように身についた傲慢さである。カントは自分のうちに揺るぎないものとして存立していた知的優越性がルソーによって粉々に打ち砕かれたと語っている。そして、いたるところで繰り返しその傲慢さを糾弾している。

カントが激しい憎悪を持って見ているのは、いわゆる極悪人（連続殺人魔、強姦魔、放火魔）ではない。道徳観念のまったく欠如した野獣のような人間ではない。眉一つ動かさずにユダヤ人をガス室に連行することのできる冷酷無比な男たちではない。そうではなくて、むしろ知的で良識的で品行方正な市民たちなのだ。その善良な市民が、意図的にあるいは非意図的に、取り立てて悪意なしに、非知的な、非市民的な、非常識な輩を巧妙な形で排除している、あるいは徹底的に軽蔑している構造のうちに、最も醜いものが悪臭を放っているのだ。

道徳的善さと自己愛

巧妙に隠された自己愛、善良な行為の陰にとぐろを巻いている自己愛に対する嫌悪こそ、カント倫理学の骨格を形成している。このことをよく見定めねば、カント倫理学は解明できない。カントの難解に見える叙述でも、外形的な適法的行為の裏に隠れている自己愛という「補助線」を引いてみると、さらっと解けてしまうことがある。

事実、カントは犯罪的行為（これを彼は「非適法的行為」と呼ぶ）については、ほとんど言及していない。カントが注目しているのは、外形的に善い行為（これを彼は「適法的行為」と呼ぶ）のほとんどが、道徳的に善い行為ではないということだけだ。つまり、彼は適法的行為のうちでさらに道徳的に善い行為とはいかなるものかと問うだけである。

事実、カント倫理学の入門書と言える地位にある『人倫の形而上学への基礎づけ』において、カントがまず論ずるのは「適法的行為＝義務に適った行為」と「道徳的に善い行為＝義務からの行為」の区別である。外形的に適法的行為でも、そこに（前項で確認したように広い意味において）自己愛という動機がわずかにでも含まれているものは、断じて道徳的に善い行為ではない。すなわち、この世で道徳性に匹敵するほどの「力」を持つ唯一のもの、それは自己愛なのだ。

これはカントの強い信念であって、彼の全著作を通じて揺らぐことはない。いくらでもその信念を表明している文章を挙げられるが、例えば『実践理性批判』の次の箇所。

道徳性と自己愛との境目は、きわめて明確にかつ鋭く区切られているので、いかに卑俗な人の目も、あることが前者に属するのか後者に属するのかという区別を見そこなうはずはない。（実

四二）

> 純粋実践理性は、自己愛に反対し、自己愛に対してそのあらゆる要求を拒否することによって、いまや唯一（行為する主観に）影響力を持つ道徳法則に威厳を与える。（実　八九）

カントは自己愛を „Eigenliebe“（自己自身への愛）と „Eigendünkel“（自惚れ）との二つに分けて、道徳性の本来の敵は後者であるとしている。前者は子供にも見受けられる人間に自然な自己愛であるが、後者は理性をさしおいてその強烈な欲望を満たすことこそ道徳的善さの原理になると自覚する独特の「自惚れ」なのである。よって、この意味の自己愛は徹底的に抹殺しなければならない。

> 純粋実践理性は、自惚れを徹底的に打ちのめす。（実　八六）

理性は「自惚れ」という自己愛を「徹底的に打ちのめす」しかない。先の言葉を使えば、「誠実性の原理」は、「幸福の原理」を従わせる（条件づける）のであって、逆にそれが自分を従わせる（条件づける）のを断じて許してはおかないのだ。

そして、「幸福の原理」の中心に自己愛が位置する。われわれは幾重にも姿を変えた自己愛を満たす限りで、道徳的善さを実現しようとしている。憎い人を痛めつけないのは、そうすると仕返しされるかもしれず、安泰でいようという信念（自己愛）に反するからだ。あるいは、重い荷物を持っている老人を助けるのは、そうしないと周囲の者から睨まれて居心地が悪くなるから、つまり不快を避けようという信念（自己愛）に反するからだ。通りがかりに数人の無頼漢にからかわれている娘を助けるのは、これを見過ごすと、武士としての面目にかかわるからだ。食べるものも食べずに借りた金を返すのは、そうすると自尊心が満たされるからだ。

それだけではない。『聖書』にあるように、眼前の「いと小さい者」に、いや自分を迫害する「敵」にさえ愛を注ぐのは、そうするとキリスト教徒としてスピリチュアルな喜びを感ずるからだ。

いわゆる「善い行為」には、影のようにぴったりとさまざまな相貌を持つ自己愛が張り付いている。もちろん、これを充分自覚したうえで、外形的に善い行為＝適法的行為に邁進するというのも一つの生き方である。しかし、カントが言いたいことは、それは道徳的善さとはまったく関係がないということであり、それにもかかわらずおうおうにしてわれわれはそれを道徳的善さと勘違いしてしまうということである。

カントの問い、理性に従う不思議

この節の最後に確認しておかねばならない。カントにとって、われわれ人間が幸福を求めること（その中心には自己愛がある）はごく自然であり、それには何の説明も必要としない。「幸福になれ！」という命法が成立しないのは、命令されなくともわれわれは必然的に幸福を求めるからである。必然的なことを命令することはできない。われわれ人間が幸福を求めること、いやそればかりか、幸福を求めてそのつど具体的な目的を設定し、その実現のためにありたけの手段を使用することは、分析命題なのである。

目的を意志する者は（理性が彼の行為に決定的影響を及ぼす限り）、みずからの力のうちにあって、目的の達成に必要欠くべからざる手段をも欲する。この命題は、行為者の意欲に関しては、分析命題である。（基　三八）

このことをまずよく頭に叩き込んでおかねばならない。でないと、カント倫理学の全体は明確な焦点を結ばないものとなるであろう。

カントはこの大前提のもとで問う。なぜ、――いかに事例が希少であるとしても――人間が自他の幸福を投げ打って、真実を求めることがあるのだろうか？　偽証をすれば自分も家族も安泰であることがわかっており、真実を語ると身に危険が及ぶことがわかっているのに、偽証を拒否して真実を語ることがあるのだろうか？

宗教的理由から、いかに自分が不幸になっても不利益を被っても、真実を語る場合があるだろう。だがこの場合は、たとえ地上の掟によって裁かれて敗者になっても、神の法においては勝者でありうるのだから、やはり幸福追求の延長にある。踏み絵を踏まないことによって、磔にされ命を失ったとしても、彼は幸福でありうる。

だが、こういう宗教的背景がない場合でも、われわれはただ真実を尊重するために、あらゆる幸福を投げ打つ場合がある。これは人間にとって自然なことではなく、まして当然のことではない。きわめて不思議なことなのだ。よって、詳細な説明を要することなのである。

そのためには、幸福を求める人間存在の本性とはまったく異なったXを導き入れるほかあるまい。それは幸福（自己愛）を追求する人間本性とはまったく異なった源泉としてのXであり、それにカントはさしあたり「理性」という名を与えたのである。

カント倫理学とは、人間があらゆる幸福を投げ捨てて理性に従う不思議さをどうにかして説明しようとする渾身の試みにほかならない。

2　「幸福の原理」

エピクロス派批判

カントは『実践理性批判』のはじめに近いところで、エピクロス派とストア派の倫理学を長々と批判しているが、これは固有の倫理学を提示する前にしておくべき絶対に必要な作業であった。本来は、それ以上にキリスト教倫理学を批判すべきであるが、カントは検閲を考慮してここでは控えた（後に『宗教論』まで持ち越される）のではないか、と思われる。その分だけ、エピクロス派とストア派に対する批判は力の籠ったものになっている。

エピクロス派の倫理学は、「幸福の原理」すなわち「自足（autarkeia）」という幸福な精神状態を求めるが、カントによれば、これは幾重にも批判されねばならない。第一に、それは何らかの具体的目的（実質＝対象）を掲げる倫理学であるゆえに、そして第二に、それはいかにスピリチュアルなものであっても、やはり幸福すなわち快を目的とする倫理学であるゆえに（おいおい見ていくように、カントの目から両者は重なるのであるが）、誤っているのだ。

倫理学（道徳的善さ）は普遍性を持たねばならず、普遍性はいかなる特定の対象（実質）に求めることもできない。たとえ「自足」が肉体的欲望の満足とはむしろ正反対のスピリチュアルな幸福であろうとも、それはやはり「実質」であるから排除されねばならない。倫理学は形式にのみ基づかねばならないのである。

では、形式とは何か？　カント倫理学の真価は「道徳法則という（内容のない）形式」を提唱したことにある、と言って澄ましているカント学者もいる。だが、それではまったくわからないのではないか？　道徳法則が普遍的で必然的であるというとき、内容をまったく含まない法則がなぜ単なる論理法則を超えて「道徳」法則と言えるのであろうか？

これに関しては次章で詳論するが、ここで概略を示しておくと、形式とは、格律から道徳法則を導く特有の手続きにほかならない。

もし理性的存在者が彼の諸格律を実践的で普遍的な諸法則と考えるべきだとするなら、彼がその諸格律を、実質に関してではなく形式に関してのみ、意志の規定根拠を含むような諸原理と考えることのできる場合のみである。（実　三二）

理性はあらゆる道徳的善さを導く手続きを知っている。それが定言命法であり、内容あるさまざまな主観的格律を普遍的で必然的な「普遍的立法にふさわしいもの」（実　六五）にする仕方、すなわち「普遍化」する仕方にほかならない。道徳法則とは、こうした手続きによって導かれる法則であるから、具体的な内容は含まないというわけである。しかし、じつのところ、これでは「道徳」法則は導出されえず、ここにはカント特有の思い込みとでも言えるものが大量に潜んでいる。

カントはそれに気づいていて、『実践理性批判』の「動機論」において、道徳法則に対する「尊敬」という感情を持ち出して道徳法則の内容を指し示している。道徳法則は、単なる抽象的普遍化によって導かれるものではなく、（最広義の）自己愛に帰着する動機をことごとく潰したあとに、自己愛がまったく含まれていない動機を取り出すことによって導かれる。それが、「道徳法則を尊敬する」という動機にほかならない。

だが、以上の解釈では、依然としてカントが実際に道徳法則に意味付与しているものに達することはできない。ここで大掛かりな補助線を引くことが必要になる。それは、先に確認したように、「幸福の原理」に対立する「誠実性（Rechtschaffenheit）の原理」とでも呼べるものであろう。「誠実性の原理」とはカント自身の言葉ではないが、『実践理性批判』における次の箇所などは、はっきりその方向を示している。

一人の低い身分の市民としては卑俗な男に、私は自分のうちには意識していないほどの性格の誠実性を感じる場合、私が欲しようと欲しまいと、また私が自分の身分の優越を彼に見誤らせまいとさらに頭を高く持ち上げても、彼の前に私の精神は屈する。（実　九〇）

人間はたとえ有徳であるにしても、あらゆる行為において自分の誠実性を意識していなければ、彼の生の自然状態においていくら幸運に恵まれていても、当然のことだが、彼はその生を楽しむことはないだろう。（実　一三四）

カント倫理学は道徳法則あるいは定言命法という形式だけから成り立っているのではない。それは、これらの形式の内部に身を隠している「誠実性の原理」に依存しながら、しかもそれを表に出さないまま、進行していく。すなわち、理性が(1)定言命法によって、かつ(2)「誠実性の原理」を基準にして導くもの（両者はぴったり重なり合う）こそが、道徳的善さなのである。

たとえわれわれがエピクロス派の提唱する「自足」を「善く生きる」ための理想として頭上高く掲げようとも、それは「一定の心の状態」という内容＝実質に依存するゆえに普遍的法則ではない。

だが、そうなら同じように、たとえすべての人が誠実性を理想にして生きようと、それも「一定の心の状態」という内容＝実質として普遍的法則ではない、と言えるのではないか？　こうした結論を回避するために、カントは誠実性を心の状態ではないところに追いやる。誠実性は、個々人の心の状態を表す概念ではなく、道徳法則の実在性と呼応する特異な実在性（実践的実在性）を有しているのだ。

そして、さらにこれを補強するために、カントは「一般的」と「普遍的」とを峻別するという大いなる武器を持ち込む。

「幸福の原理」は、なるほど一般的な（generell）諸規則を与えることはできるが、けっして普遍的（universell）な諸規則を与えることはできない、すなわち、平均的にきわめてしばしば当てはまるような諸規則を与えることはできるが、常に必然的に妥当しなければならないような諸規則を与えることはできない。（実　四三）

このことは、例えば「一般的な規則」には九〇パーセントの人が従っているのに対して、「普遍的な規則」には一〇〇パーセントの人が従っていることを意味するのではない。普遍性とは、その規則に従う「べき」ことを一〇〇パーセントの人が知っているという意味であって、現にどれだけの人がそれに従っているのかには関係がない。理性は、たとえすべての人が現に不誠実な行為をしようと、理性的存在者である限りすべての人が誠実であるべきだと命ずるのである。

この世界がもしかしたらこれまでにただ一つの事例をも与えなかったかもしれない行為、それどころか、あらゆるものを経験に基礎づける人ならその実行可能性を疑いたくなるような行為でさえ、それにもかかわらず理性によって容赦なく命じられる。（基 二七）

この直後に、カントは「これまで誠実な友人などというものは一人も存在しなかったにせよ」理性が要求するのだ、と言う。これはカント倫理学の強みであるとともに、弱みでもあろう。理性が現象世界の現実的多数性とはまったく別の次元にその普遍性を保持することは確かに強みであるが、その根拠を疑い出すと、すべてがぐらついてくる。だが、このすべてをまさに理性信仰（Vernunftglaube）が支えているのである。

ストア派批判

以上のようにエピクロス派の「自足」をどうにか切り抜けても、ストア派を撃退するのは至難の業に見える。なぜなら、ストア派はまさにあらゆる感性的なものから脱出した理性的生き方を理想に掲げているからである。しかし、カントは揺らがない。というより、ストア派との対決を通して、カント倫理学の神髄が最も鮮明になるように思われる。ストア派の理性主義はカント倫理学の理性信仰とは異なる。なぜなら、それはまず対象（理性的生き方）を掲げているからである。

きわめて重要なことであるが、カントにとって到達される境地よりはるかに重要なのは、「いかにして」そこに到達するかという手続きである。誠実性のみを基準にして生きるとしても、それを何らかの与えられた教義・掟・啓示などによって獲得したとするなら、それは道徳的善さではない。『聖書』に書いてあるから、イエスの教説に感動したから、神の啓示によって等々ではなく、純粋に自分の「内部から」道徳的善さに到達しなければ、まったく価値がない。

これが、カントが内容ではなく形式というタームで言いたいこと、あらゆる既存の倫理学が内容＝実質に基づいていたのに対して、みずからの倫理学は形式に基づいている、ということなのである。『人倫の形而上学への基礎づけ』の冒頭における有名な宣言も、まさにこのことを意味している。

> この世界において、いやそれどころか一般にこの世界の外でも、無制限に善とみなされうるのは、善意志だけである。（基　一〇）

「善意志（guter Wille）」という言葉でカントが表したいことは、道徳的善さは、いかなる対象（善きもの）のうちにもなく、それを見いだす手続き（定言命法）のうちにあるということである。カントは、これを「意志の自律（Autonomie des Willens）」と言いかえてもいる。いかに善きもの（例えば誠実性）でも、誠実にふるまえば結局は得をするから（"Honesty is the best policy."）という動機に基づく場合、それはけっして道徳的に善くはない。

それどころか、何の見返りもなくても、いや損をしても、誠実性を貫くという場合でさえ、誠実性をはじめから「十戒」の一つのように守るのは、道徳的に善い行為ではない。われわれは誠実性を他の何かから他律的にではなく、みずから（理性から）自律的に一定の方式（定言命法）に従って導き出さねばならず、そのときのみ誠実性は完全な道徳的善さを有する。

こうまで道徳的善さを限定することは、さまざまな犠牲をもたらす。とくに、カントはスピリチュアルな幸福から道徳的善さを完全に抹消するという「暴力」を西洋倫理学史上はじめて犯した。このことにより、幸福と道徳的善さとは完全に独立なもの、いや互いに反対のベクトルを持ったものとみなされ、カント倫理学独特の世界（それはわれわれの常識とは鋭く反する不自然な響きを発する）が開かれることになる。

アディアフォラ

以上、カントのエピクロス派とストア派批判を通じて、カント倫理学の特異性を見てきたが、この節の最後にその広大な「死角」を指摘しておこう。

カントは、形式と内容（実質）、ア・プリオリとア・ポステリオリ、意志の自律と意志の他律、「幸福の原理」と「誠実性の原理」、適法性と道徳性、など画然とした二項対立を採用しているが、このことがその論述を明確にするとともに、膨大な種類の通常の行為を視野から排除している。

私が散歩に疲れて人気のない公園のベンチに腰を下ろすとしよう。私はこのとき「疲れを取る」という「幸福の原理」に基づく行為をなしたことになろう。あるいは、私が会社に間に合わないからと、いちもくさんに駅までの道を駆け出したとする。これは、遅刻してみんなに迷惑をかけたくない、信頼を失いたくないという動機から、すなわち「幸福の原理」に基づいているというほかないであろう。確かに、これらは道徳的に善い行為ではない。だが、カントの場合、これらは直ちに道徳的に悪い行為であるという含みを持ってしまう。奇妙なことに、カント倫理学には、古来「アディアフォラ（adiaphora）」と呼ばれてきた道徳的に善くも悪くもないという領域がほとんど開かれていないのである。

カントの挙げるように、「信用を失いたくないから」という動機に基づく「約束を守る」という行為は、確かに道徳的に善い行為ではない。だが、だからといってこうした行為が直ちに道徳的に悪い行為になるわけではない。カントは自己愛に基づく行為の場合、外形的に義務を果たしただけなのに道徳的に善い行為をなしたと思い込みがちであるという構図を（勝手に）作成し、その傲慢さを打ち砕きたいばかりに、こうした行為を総じて道徳的に悪い行為とみなしてしまうのだ。

「信用を失いたくないから」という動機に基づいて「約束を守る」という行為を実現しながら、とくに自分は道徳的に善い行為を実現したと誇っていない場合はむしろ普通である。自己愛を主な動機とする場合でも、仕事帰りに会社仲間とビアホールでビールを飲む、弁護士になりたいから懸命に勉強して司法試験を受ける、定年後、長年苦労をかけた妻と海外旅行に出かける、健康のために毎朝近くの公園でジョギングをする等々、道徳的に善くも悪くもない膨大な行為があるはずである。だが、カントはこういう日常的行為を倫理学の視野に入れていない。

カントの見ていたのは、外形的に善い行為（適法的行為）をなしても、その動機は「幸福の原理」に基づいている、それにもかかわらず当人が「誠実性の原理」に基づいていると思い込んでいる、こうした欺瞞的心的状況のみである。

カントの視野はきわめて狭い。そのきわめて狭い視野において徹底的に思考したこと、それがカントの偉大さである。

3　定言命法と仮言命法

義務に適った行為と義務からの行為

定言命法とは何か？　定言命法が、なぜ主観的な格律を客観的な道徳法則へと昇格させる要石になりうるのか？　カントの表面的な記述だけからでは答えられないであろう。定言命法をカントは多様な表現をもって記述しているが、それらは次の「純粋実践理性の根本法則」（同時に「定言命法の第一方式」と呼ばれる）に収斂される。

きみの意志の格律が、常に同時に普遍的立法の原理として妥当しうるように行為せよ。（実　三六）

この命法には動機が書き込まれていない。単に「行為せよ」と命じているのであって「動機に基づいて行為せよ」と命じているのではない。それにもかかわらず、この命法は「道徳法則を尊敬するという動機のみに従って行為せよ」という命法と等価になる。なぜなら、意志の格律（主観的規則）を普遍的立法の原理として妥当するように行為するとは、とりもなおさず道徳法則のみを尊敬するという動機に基づいて行為することだからである。

しかし、こう語ってもまだすべてが抽象的である。立ち入って検討してみよう。

カントは『人倫の形而上学への基礎づけ』において、「自殺してはならない」、「守れそうもない約束をしてはならない」、「他人に親切にしなければならない」、「日々道徳的に高まる努力をしなければならない」、という四つの具体的事例を挙げ、これらがなぜ適法的行為すなわち「義務に適った行為」であるのか論証している。

しかし、定言命法からすべての道徳的に善い行為の具体例を導くことができるわけではない。第一に、カントの挙げた事例でさえ、論証としては厳密には成功していないと思われる。というのも、「自殺」はともかく、「約束」「親切」「道徳的に高まる」など、概念がきわめてあいまいで、どうにでも解釈できてしまうからである。第二に、カントが挙げている事例以外のさまざまな具体的事例を持ってくると、たちまち判定不可能になってしまうからである。

例えば、森鷗外の『高瀬舟』のように、本人が自殺を望み、その現場に居合わせたが手の施しようもなく、さらに本人が私に「楽にしてくれ！」と訴えるとき、私はどうすべきであろうか？　あるいは、餓死しそうな人にパンの一切れを与えようとしたら「同情しないでくれ！」と拒絶されたとき、私はどうすべきであろうか？　定言命法から自動的に導き出せるわけではない（われわれは何度も躊躇し、間違え、訂正しなければならない）。

しかも、義務に適った行為が特定されれば、それで済むというわけではない。カントによると、さらにその行為が道徳法則を尊敬するという動機のみに基づくとき、「義務からの行為」すなわち道徳的に善い行為とみなされる。こうして、ある行為が道徳的に善い行為であるためには、第一に、それが外形的に義務に適った行為であること、そして第二に、それが道徳法則を尊敬するという動機のみに基づくこと、という二つの条件が必要なのである。

例えば、「信用を失うことが怖い」という動機から「約束を守る」という格律を維持している男がいるとしよう。彼の格律は、「信用が失われる恐れのあるときは、約束を守る」という仮言命法の形に書きかえることができ、これはさらに「信用が失われる恐れがないときは、約束を守らない」という仮言命法に変えることができる。よって、彼は普遍的に約束を守るわけではない。

「普遍的な立法の原理」になりえない格律は、いかに外形的に義務に適っていても、道徳的に善くはない。では、どのような格律なら普遍的立法の原理になりうるのか？

以上の議論から容易に導き出せるように、私は同じように「約束を守る」という格律を持っているのだが、その格律はいかなる仮言命法も含まず、ただ「約束を守る」こと自体を尊敬するという動機に基づいて私が約束を守る場合である。定言命法は格律を普遍的立法（道徳法則）に昇格させる手続きであって、これを充たす格律のみが道徳法則の資格を得る。

これがカントの論証である。だが、この議論の全体はそれほど説得力のあるものではない。とらわれない眼で、さらに事態をよく見てみよう。

定言命法と内容

道徳法則が文字通り形式的普遍性だけを要求するなら、「信用を失うことが怖いから約束を守る」という格律は、普遍的立法として成立してしまうかもしれない。なぜなら、理性がわれわれにこう命ずると解することは可能であり、そこにはまさに合理的（理性的）な社会が形成されるからである。

しかし、カントはこう考えない。カントはきわめて抽象的に議論を進めているが、じつはその背後には彼の譲れない価値観が潜んでいて、それを加味しなければ、カントにおける道徳的善さとは何かを把握できない仕組みになっているのだ。

すべての人が「信用」を重んじる社会は理想的であるように見える。しかし、そうであろうか？ある人Aは自分の信念に反する契約（例えば、国家ないし会社に忠誠を誓う）を自分の信用を維持するために締結するかもしれない。信用とは、広く「幸福の原理」のもとにあり、ある社会における信用とはその社会の趨勢に乗っていることである。ナチス政権下では、（少なくとも公共の場で）ユダヤ人を排斥する姿勢を示すことが信用を維持するために必要であったのではないか？

カントが「約束は守らねばならない」と言っているのではないことに注意しよう。もしそうなら、人を殺す約束も、偽証をする約束も、一端約束したからには守らなければならないことになる。そうではなく、カントは「守れない約束はしてはならない」と言っているのだ。「守れない」例として、返す可能性がないのに借金するという例をカントは挙げているが、こうした即物的な事例ばかりではなく、自殺や偽証など、（カントによれば）理性に問いかけて実行できない約束（この「できない」は「すべきでないからできない」という意味である）をしてはならないということである。

そして、このすべてはやはり「誠実性の原理」（この場合「真実性の原理」と言いかえたほうがいい）のもとにある。返すあてのない金を借りて相手に「返す」と約束することは、明らかに自他に対して嘘をつくことである。しかし、（カントによれば）もう一つの嘘がある。それは、（カントの用語ではないが）「実践的嘘」であり、自殺の約束、偽証の約束がこれに当たる。

理性的存在者としての人間は、理性の命令に反する約束をすべきでないことを知っているのに約束するのだから、やはり自分を騙している、嘘をついているのである。

以上の考察から、道徳的に善い行為を成立させる「道徳法則を尊敬するという動機のみに基づいて」という条件は、約束という行為の外形にのみかかわるのではなく、その内容にもかかわることがわかるであろう。理性的存在者としてすべきでない約束は、たとえいかに相手に脅迫されようとも、身の危険があろうとも、拒まねばならないのだ。

もちろん、何がすべき約束であり、何がしてもよい約束であり、何がすべきでない約束であるかは、理性から直ちに導かれるわけではない。しかし、だからといってたちまち倫理学が個人の好みのうちに解消され、道徳とは完全な虚構であることが判明し、道徳的アナーキー状態が実現されるわけではないであろう。

われわれは「危うい立場」にある

カント倫理学の伽藍はけっして頑強なものではない。カントは『人倫の形而上学への基礎づけ』において嘆息している。

ここにおいて、われわれは、哲学が天において何物かに吊り下げられているわけでも、地において何物かに支えられているわけでもないという――本来確固としているべきであるのに――危うい（mißlich）立場に置かれていることを知る。（基　四八）

人間がこうした「危うい立場」に置かれているからこそ、「確固としているべきである」という思いは限りなく尊いのである。

「危うい立場」とは具体的に何か？　二重に存在するように思う。第一に、何人も完全に正しく理性の命令を受け止めることはできないことである。確かに、カントは次のように言っている。

理性の声が意志との関係で、それほど明確にそれほど他の声によってかき消されずに、きわめて

卑俗な人にさえも聞き取れるものでなかったら、道徳性は完全に破滅してしまうであろう。（実四一）

だが、この文章には解釈の余地が残されている。

第一に、われわれは多くの場合、何が道徳的に善いのかを聞き取れたとしても、細部に至るまで真実を正確に認識しえない。これをカントは問題にしなかったが、ラカンは問題にした（「附録　カントとラカン」を参照）。

誰でもいつでも「嘘をつくな」という理性の声を聞き取ることができるが、おうおうにしてわれわれは完全な真実を知っているわけではなく、「さしあたり」の真理しか知らない。隣に住む男がユダヤ人であると誤って知って、彼をゲシュタポに密告してしまったり、あるいは、彼がじつはユダヤ人であるのに、そうでないと信じていて彼を弁護したり、あるいは、彼を貶めようとして（じつは真実なのであるが）ユダヤ人であると嘘をついたり……。

こうして、およそ各人が「真実と信じていること」は、その根拠や確信の強さにかかわらず、きわめて不確かであり危ういのだ。一般に、完全な真実と自分が真実と信じていることとのあいだには、広大なグレーゾーンが広がっている。

人間は、理性的存在者としては（あとに述べる「可想的性格」としては）、完全に正しく受け止めることが「できる」が、現実の人間としては（あとに述べる「経験的性格」としては）戸惑い、疑問を持ち、間違いうる。

そして第二に、人間はたとえ完全に道徳的善さを認識していたとしても、おうおうにしてその通りには行為せず、そうではない行為を実現してしまう（これが本書全体のメインテーマである）。

確かに先の引用部分で、カントは「他の声によってかき消されずに」と言っている。「他の声」とは、自己愛に基づく「幸福の原理」からの声である。しかし、それはやはり理性的存在者としての限りにおける人間にとってであって、肉体を有する感性的存在者でもある現実の人間においては、全身に響き渡るその声に理性の声は「かき消され」てしまうのである。

実際、『人倫の形而上学への基礎づけ』の冒頭近くで、カントははっきり次のように語っている。

というのも、理性は、意志の対象に関して、またわれわれのあらゆる欲望（中略）の充足に関して、意志を確実に指導する力を持たない。（基　一三）

理性は、われわれに道徳的に善い行為、すなわち道徳法則を尊敬するという動機のみに基づく行為を命じはするが、それを確実に実現させる「力」を持っていないのだ。

理性信仰だけに基づく倫理学、それはじつのところきわめて脆い建造物であり、きわめて「危うい」土台の上に立てられているのである。そして、――逆説的に響くかもしれないが――カント倫理学の真価は、まさに倫理学の危うさ、道徳的善さの危うさ、人間存在の危うさをしっかり見据えているところにある。

われわれ人間は、ただ「理性」という危ういものだけを信じて、道徳的に善いことを実現しようと意志し行為するほかない。われわれは大もとで理性の声を聞き分けている。それは言いかえれば「誠実に行為せよ」という命令である。しかし、それは、それだけではいかに誠実に行為すべきかを細部に至るまで教えてはくれない。われわれはおうおうにして（あとに述べるアイヒマンのように）間違った認識のもとに、あるいは間違った判断のもとに、あるいは正しいのか間違っているのかの基準を失ったままで誠実に行為してしまうかもしれない。

そればかりではない。われわれは「誠実に行為せよ」という理性の声が聞こえながら、ほとんどすべての場合、それを実現できずに途方に暮れるほかないのである。

意志の自律と他律

定言命法とは何かというこの同じ問いを、別の角度から見直してみよう。

カント倫理学において仮言命法はなぜ格律の普遍化の手続きから排除されているのか？　これに関して、カントは『人倫の形而上学への基礎づけ』の次の箇所で明確に述べている。

> 意志が、みずからの格律を普遍的立法へと適合させることより他のどこかに、すなわち、意志が自分自身を超え出て、意志の何らかの客体の性状のうちに意志を規定すべき法則を求めるなら、

常に他律が生ずる。そうなら、意志がみずから自分自身に法則を与えるのではなくて、客体が自分と意志との関係を通して意志に法則を与えることになる。こうした関係は、傾向性に基づくにせよ、理性の表象に基づくにせよ、「私は〔道徳法則とは〕別の何かを欲するゆえ、私はあることをすべきである」という仮言命法を可能にするにすぎない。（基　六五〜六六）

ここには、はっきりした二項対立が見られる。定言命法が格律を普遍化する能力を持っているのは、それが「意志の自律（Autonomie）」を原理とするからであり、あらゆる仮言命法がその能力を持っていないのは、それが「意志の他律（Heteronomie）」を原理にするからである。

道徳性の原理は「意志の自律」にあり、これを表現する命法が定言命法である。これに対して、道徳性の原理になりえない（カントはそれを「偽の（unecht）」原理と言う）「意志の他律」を表現する命法が仮言命法である。

道徳的善さの源泉は意志自身のうちに求めねばならず、意志と対象との関係のうちに求めてはならない。すなわち、まず、「善いもの」を意志以外の「他のどこかに」（神、『聖書』、ドグマ、権威、師などに）求め、次に、その「善いもの」をいかにしていつでもどこでも誰に対しても実行するか、というかたちで道徳法則を導いてはならない。

その場合、道徳法則がたとえ普遍的であっても、その普遍的道徳法則のもとにある対象（道徳的善さとみなされるもの）は「そと」から与えられたものであって、われわれの「うち」から導き出されたものではなくなるであろう。その限り、そこには厳密な意味ではいかなる道徳的善さもない。

言いかえれば、結果ではなく手続きのうちに、すなわち、みずから苦心して獲得したものの「うち」にのみ、道徳的善さはあるのだ。

ここで、先の引用文の最後のほうに、カントが「こうした関係は傾向性に基づくにせよ、理性の表象に基づくにせよ」と念を押していることに注意しなければならない。議論は微妙な領域に入り込むが、「理性の表象に基づくにせよ」手続きが間違っているものは、道徳的善さから排除されるべきなのだ。たとえ意志の対象が理性的なものであり、その理性的なものが意志の自律によって獲得されたものと同一であるとしても、その結果として得られたものは、手続きが間違っているゆえに、翻って道徳的に善くはないのである。

ストア派の学徒は「完全な理性的人間」という理想像を目指して刻苦精励するのであるが、このすべてはみずからの意志の「うち」から自律的に発したものではない。「完全な理性的人間」という理想像は、まず教義（師、権威）によって、有無を言わせずにストア派の学徒に与えられる。よって、こうした前提でストア派の学徒がその理想像を目指すにしても、その結果たとえそれを実現するにしても、その手続きが他律であるがゆえに、まったく道徳的善さを実現していないのである。

こうした考え方こそカント倫理学の要である（そして、最も理解しにくいことであろう）。

カントは『実践理性批判』の次の箇所で、このようにも語っている。

ここは、いよいよ実践理性批判の方法のパラドックスを説明する場所である。すなわち、善の概念と悪の概念は（一見、道徳法則の根底に置かれねばならないと思われようが）道徳法則に先立つのではなくて、（いまここで述べるように）道徳法則よりあとに、道徳法則によって、規定されねばならない、ということである。（実　七四）

「善悪の概念」とは「善悪の対象（内容）」という意味である。まず、「十戒」のように、善悪の内容が決まっていて、それに従って道徳法則が導かれるのではなく、逆に善悪の内容は道徳法則によってはじめて規定され、その道徳法則は定言命法という形式から導かれる。これをあえて「パラドックス」と呼ぶのは、常識とは正反対という意味であろう。ここをすべてゲシュペルト（強調）にしているほど、カントはこの順序を重要視している。

カントが道徳的善さを内容（実質）ではなく形式に求める真意がここにある。「道徳的に善いもの」の内容は、けっして与えられるのではなくて、理性的存在者としての人間が正しい手続き（定言命法）によってみずから見いだすという自律的・自発的な手続きのうちにあるのだ。

「幸福の原理」と「誠実性の原理」

定言命法と仮言命法の違いに関するカントの説明をもう一度見てみよう。仮言命法とは、「私が〔道徳法則とは〕別の何かを欲するがゆえに、あることをすべきである」という命法である。この命法が道徳法則を導きえないのは、この「もし〜ならば」という仮定が除去されると「〜すべきである」という命法には従わないかもしれない、よって真に普遍的な命法にはなりえないからである。

「もし自分の身に危険がなければ、偽証するな」という命法は、「もし自分の身に危険がなければ」という条件のもとでのみ、「偽証するな」という命法が普遍性を持つのだから、「自分の身に危険があれば」偽証するかもしれず、真に普遍的ではない。さしあたり「もし〜ならば」に何らかの自己愛に基づくものが入る場合、容易に理解できるであろう。しかし、先に確認したように、条件節は必ずしも自己愛に基づくものだけではない。あえてそこに理性的なものを代入してみよう。

もし完全な理性的人間になりたいのなら、嘘をつくな。

これは、ストア派の原理を表す仮言命法とみなすことができる。「完全な理性的人間」という目的（対象）のうちに「嘘をつかない人間」という意味があらかじめ含まれているのだから、これは分析判断であり、「嘘をつくな」という命法は「完全な理性的人間」という概念だけから導かれる。

だが、カントにとって、この命法は厳密には道徳的善さを表してはいない。なぜなら、「完全な理性的人間」という内容は理性的だが、「完全な理性的人間になりたい」という欲求自体は、経験的欲求であり、感情に基づいているからである。このことは、ある少年が「シュバイツァーのようになりたい」、あるいはある少女が「マザー・テレサのようになりたい」と眼を輝かせて語ったとしても、これらの欲求自体は経験的であって、いつか心変わりするかもしれない、ということを考えればよくわかる。

なお、次の場合は限界事例であるように思われる。

もし誠実に生きようとするなら、嘘をつくな。

「誠実性の原理」は「幸福の原理」と対極をなす原理であって、（次章で検討するが）形式のみであると言われる道徳法則の具体的内容を形づくる。カントの道徳的善さの構図は、「幸福の原理」を第一にしてはならず「誠実性の原理」を第一にしなければならないということ、すなわち、「幸福の原理」を追求してもいいが、あくまでも第二にすべきだということである。

そのうえで、仮言命法を作成し、その条件節に「もし誠実に生きようとするなら」を入れると、「嘘をつくな」は「誠実に生きる」という概念から分析的に導かれる。では、これは「（無条件的に）嘘をつくな」という定言命法とまったく同値なのであろうか？　そうではない。両者のあいだにはやはり差異があるのだ。

先の仮言命法を掲げる人は、とにかく誠実に生きようと欲している。それは、いかにみずからのうちから疑いえない衝動として湧き出したものであろうと、やはり一種の自然的欲求すなわちカントの用語では「傾向性（Neigung）」であって、理性の普遍的かつ絶対的命令によるものではない。理性に源泉のある「誠実性の原理」とは、誠実に生きようという欲求とは別のものである。それは、あくまでも定言命法によって格律を普遍的立法にするという手続きによって実現されねばならない。すなわち、誠実に生きようという自然的欲求に（のみ）基づいて真実を語る人は、たとえ常識的には誠実であるとしても、厳密には道徳的善さを実現してはいないのである。

「欲する」ことと「すべき」こと

カントは『人倫の形而上学への基礎づけ』において、次のように言っている。

きみは、きみの格律が普遍的法則となることを、同時にその格律によって欲しうるような格律に従ってのみ行為せよ（基　四二）

この定言命法の少しあとで、カントは次のように語っている。

われわれは、われわれの行為の格律が普遍的法則になることを欲しえなければならない、このことが行為一般に関する道徳的判定の基準である。（基　四六）

カントがここで「欲する（wollen）」と言っているのは、「約束を守る」という具体的な事柄を直接に欲することではなくて「約束を守ることが普遍的立法となること」を欲することである。

太宰治の名著『走れメロス』のストーリーをたどりながら考えてみよう。

メロスは、死に物狂いで走った。友であるセリヌンティウスの命を救いたいゆえに、戻らなければ友に顔向けできないゆえに、暴君ディオニスに友情の美しさを見せつけたいゆえに。とりわけ、彼はセリヌンティウスが自分を信頼しているがゆえに走った。

私を待っている人があるのだ。少しも疑わず、静かに期待してくれている人があるのだ。私は信じられている。私の命は問題ではない。死んでおわび、など気のいい事は言っておられぬ。私は、信頼に報いなければならぬ。いまはその一事だ。走れ！　メロス。（『走れメロス』）

感動的な叙述である。メロスはセリヌンティウスから「信じられている」がゆえに走る。ということは、メロスは「信じられていなければ」走ることはないであろう。セリヌンティウスが友人でなければ、約束を守ることはないかもしれないのだから。メロスの行為のすべては、やはり自己愛を動機とするものである。メロスは「約束を守ることが普遍的立法になること」を欲してはいない。さらに考えてみよう。

メロスが何らかの直観あるいは宗教的信念によって「誰に対しても約束を守りたい！」と欲してい

るとしよう。そのために、死ぬほど苦しくても走るとしよう。しかし、それは道徳法則を尊敬する動機からではなく、自分の信念をまっとうしたいという動機から走っているゆえに、反射的に「約束を守ることが普遍的立法になること」を欲していないことになり、それゆえそこに実現された行為は、カントによれば、道徳的に善くはない。

　道徳的善さは、自分が従っている格律を普遍的立法の原理にする定言命法の手続きを経てはじめて実現される。よって、「誠実に生きたい！」とか「真実を語りたい！」という自然的欲求からストレートに行為したとしても、正しい手続きを踏んでいないゆえに、その行為は道徳的ではないのである。

　こうして、カントは道徳的善さをきわめて狭く限定し、あらゆる感性的なもの（美的なもの、愛や同情に基づくもの）をそこから排除した。道徳的善さは「美しい」あるいは「崇高だ」という判断とはまったく異質のものである。

実践的愛

また、カントは「（通常の）愛からの行為」にも、道徳的善さを認めない。

　というのも、傾向性としての愛は命令されえない。しかし、義務からの善行は、いかなる傾向性によっても促進されることを必要としないにもかかわらず、それどころか自然の抑えることのできない嫌悪の感情によって阻まれても、それは実践的愛であり感情的愛ではない。すなわち、それは意志の中にあり、感覚的な性向のうちにはなく行為の原則のうちにあり、柔和な同情心のうちにあるのではない。だから、実践的愛だけが命令されうる。（基　一七）

この前に『聖書』の「汝の隣人を愛せ」「汝の敵をすら愛せ」という文言を引いていることからも、実践的愛は『聖書』の「アガペー」に当たる。カントが、これのみに道徳的価値を認めそれ以外の（カントの言葉では）「受動的愛」に基づく行為に道徳的価値を認めないのはわかりやすいであろう。メロスは「実践的愛」からではなく特定の友に対する友情という「受動的愛」から走ったのだ。彼が「抑えることのできないほどの自然な嫌悪の感情によって阻まれることがあっても」ディオニスに対する実践的愛のために走ったとするなら、そのときはじめてそれは道徳的価値を持つであろう。

もっとわかりやすい例を挙げれば、メロスが砂漠で行き倒れている無二の親友セリヌンティウスに水をやるときではなく、友と自分を苦しめ通したディオニスに水をやるとき、しかも、同情ないし憐憫からではなく、単に「そうすべき」だから水をやるとき、それは道徳的に完全に善い行為なのだ。

シラーが揶揄するように、このすべてはいかにも非常識な偏屈な理論に見える。だが、カントは、透徹した眼で見ていたのではないか。

悪意からではなく、むしろ善意から、すなわち友情、性愛、夫婦愛、親子愛、郷土愛、祖国愛、他人に対する同情、自他の幸福を守るために等々、人類はなんと自信をもっておびただしい悪行（非適法的行為のみならず不誠実な行為）を重ねることか！

「誠実性の原理」は、他人に対する憎悪や敵意や羨望や嫉妬や軽蔑という（いわゆる）悪意によってよりはるかに頻繁にはるかに容易に、他人に対する愛や同情によって、あるいは何よりも生命を大切にする態度、社会の平和や安全を求める気持ちによって、覆されてきたのではないか？

道徳的熱狂に対する警戒

カントが、道徳的善さを（たとえ理性的であっても）具体的な内容に求めなかったのは、そうするとわれわれはおうおうにして「まったくの道徳的熱狂そして自惚れの高度の段階」（実　九九）に至るからである。

> こういうわけで、（中略）ときには哲学者たちすら、それどころか哲学者の中でも最も厳しいストア派の哲学者たちでさえ、冷静ではあるが賢明な道徳の規律の代わりに道徳的熱狂を持ち込んだのである。（実　一〇〇）

積極的に道徳的善さを実現するようにと理性が命令するなら、われわれはそれを実現することに熱狂するあまり、ありとあらゆる残虐な行為、醜悪な行為、欺瞞的な行為もいとわないであろう。あらゆる国家や民族が、自国を防衛するため、自由と平等を守るため、理想社会の実現のために、夥しい血を流し、暴力と悪徳と欺瞞に身を委ねてきたことは、人類の長い歴史が示している通りである。

とくにこのことは、あらゆる宗教戦争を見れば一目瞭然であろう。自分の信仰（信念）を唯一正しいとして、その信念を貫こうとすると、その信念を共有しない者、それに反する者には残酷無比になる。武士道や騎士道に見られるように、一定の信念（例えば「誇り高く生きる」）を掲げて生きようとすると、その信念を貫こうとして、かえってありとあらゆる非適法的行為や非道徳的行為に走ってしまうのである。

一見逆説的かもしれないが、いかなる道徳的善さをも前提してはならない。そうではなく、われわれ人間にとっては、みずから危うい立場にありながら、あくまでも「冷静ではあるが賢明な道徳の規律」のみを頼りに、道徳的善さを探索することしかない。それのみが、道徳的熱狂、すなわち「自惚れの高度の段階」に至ることをみずから防衛する道なのである。

なお、最後に付言すれば、道徳的熱狂が危険であるのは、狭い視野に閉じ籠りみずから気づかないうちに容易に悪い結果を及ぼすからのみではない。それは、じつは「誠実性の原理」と正反対のものなのだ。

「誠実に生きたい！」と熱狂的に志向している人は、なんと容易に自己欺瞞に陥ることであろうか、そして不誠実な人を軽蔑することであろうか。なんと自分を棚に上げて、道徳教師面をして、青少年たちを前にしみじみと、あるいは感動的に「誠実な人になるよう」お説教することであろうか。

このすべては、なんと不誠実なことであろうか！

第二章　道徳法則と「誠実性の原理」

1　道徳法則の形式性

道徳法則は「形式」のみであるのか？

多くの哲学者は（カント学者も）カントの道徳法則は形式のみであり、内容を含まないと信じているが、それでなぜ道徳が成り立つのか、不思議に思わないのだろうか？　文字通りの形式とは論理学であって、思考の規則であって、矛盾律や同一律から道徳が成り立つわけがない。だから、道徳法則における「形式」の独特の意味をとらえねばならない。

まず注意することは、カントにとって「法則（Gesetz）」のモデルとしては、自然法則、さらに限定すると幾何学と力学しかなかったことである。ユークリッドやニュートンの法則が、普遍的に（いつでも・どこでも・誰に対しても）成立し、しかも必然的に（それ以外考えられない仕方で）成立すること、これこそが「法則」の意味である。

同じように、道徳も、いつでも・どこでも・誰に対しても、しかもそれ以外の仕方では考えられないという性格を持たねばならず、よって道徳「法則」なのだ。

だが、これだけでは、まだ特定の道徳的善さを有する道徳が成立することにはならない。道徳法則はその内容が「十戒」のように羅列されるわけではなく、ニュートンの運動法則のように函数表示（微分方程式）で記述されるものでもない。だが、それは文字通りいっさいの内容を含まないはずはない。

カントの見ていたものは何か？

道徳的善さの源泉は、それを導く「順序＝秩序（Ordnung）」に依存するという考えである。「嘘をついてはならない」という命題で記述される事柄はカントにとって中心的な道徳的善さであるが、それが『聖書』に書いてあるからとか、教祖の言っていることだからとか、精神が洞察するからとか、……の諸理由（根拠）に依存してはならず、「嘘をつきたくないから」という自然的欲求（生理・心理的欲求）からストレートに出てきてもならない。そうではなくて、理性がまったく他のものによらずに、みずから定言命法という一定の方式を探り当てて、幾何学のように明晰かつ判明に導き出すものでなければならない（たとえこれが現実には——まさに幾何学のように——しばしばできなくても）。

われわれ理性的存在者が悟性と感性を正しくはたらかせれば、純粋直観としての空間に作図することによって、ピタゴラスの定理をおのずから導くことができるように、道徳的善さは、理性を正しくはたらかせれば、おのずから導くことができる。だが、理性は、「約束を守るべきである」という普遍的立法を、空間上に作図することによってではなく、定言命法によって導くのである。

これが、道徳法則と自然法則との違いである。物理学の法則はもちろん物質に依存するから、もともと内容を含んでいなければならない。また、幾何学の法則でさえ空間の性質に依存するから、その限り（空間の性質という）内容を含む。しかし、道徳法則にはそれがはたらく場としての空間も物質も与えられていない。知的直観を否定するカントにとって、それは、いかなる「他のもの」にも支えられていないという意味で「みずから全部する」しかない。道徳法則は、「十戒」のように、はじめからその「うち」に内容を含むものではなく、むしろそれは、その形式（定言命法に当てはめるという手続き）によって、あらゆる内容をみずから産み出すのだ。

定言命法によって、あまたの格律のうち普遍的立法として成立しうる格律が道徳法則として昇格するわけであるが、こうして成立した道徳法則はさしあたり「普遍性と必然性を有した普遍的立法」という形式的意味しか含まない。何があるいはどういう事態が道徳法則にかなっているか、それを決めるにはさまざまに記述される定言命法の諸方式を当てはめ、さらに「意志の自律」や「道徳法則に対する尊敬」や「誠実性の原理」などの補助線を正確に引いて、そのつど判断するほかはない。

「誠実性の原理」と他人に親切にする義務

『人倫の形而上学への基礎づけ』において、カントは定言命法のさまざまな方式から具体的に特定の内容の行為が必然的に導かれるかのように述べているが、厳密にはけっして直接導きえないことを先に（第一章第3節で）確認した。付言すれば、これはせいぜい通俗的読者に定言命法を理解させるための「教育的説明」と見るべきであろう。

このことは、「他人に親切にするべきだ」という定言命法を考えてみればよくわかる。たとえ「他人に親切にするべきだ」という格律が定言命法によって普遍的立法として必然的に導けたとしても（導けないのであるが）、何が「親切にすること」に当たるかの判定は限りなくオープンである。

水が欲しいと手を伸ばす乞食に水をやること、重たい荷物を運んでいる老人を手助けすることなどが親切であることは、（現代日本の常識を加味すると）まあわかるだろう。だが、少なからぬ場合、何が親切か判然としないのだ。独身の男に「結婚したほうがいいから」と会うたびに結婚相手を紹介するのは親切であろうか？　新入社員を強制的に合宿させて親睦を図るのは親切であろうか？　彼（彼女）は「その人のためを思って」親切にしているつもりだが、それは当人が望んでいないかもしれないではないか？

といって、夫を殺したいと訴える女に対して、殺害に協力することが親切であるようにも思えない。長らく引き籠っている青年に対して、本人の望むように放置することが親切であると決めつけることもできない。

あるいは、たとえこのすべてが明確になったとしても、他人に親切にする義務は「誠実性の原理」とどのような関係にあるのか、考えれば考えるほどわからなくなる。私は（カントと同じように）、世の中に横行している親切はほとんど「お節介」だと思っているが、といって私はいかなる場合も他人に親切にしないことを信条としているわけではない。むしろ、よく状況を見て、いささかも押しつけがましいところがなく、淡々と、他人に親切にしたいと願っている。

具体的に語ってみよう。私は「人はなるべく他人に依存せず自己責任をもって行為すべきだ」という信念を持っている。よって、わが国の電車内に流れる「エスカレーターにお乗りのさいは……」とか「お忘れ物のないようにご注意ください」という管理放送が親切であるとは思えない。住宅街を警視庁のパトカーが「振り込め詐欺に注意しましょう！」と大音響を轟かせて警告することは親切であるどころか暴力であると思う。だが、多くの現代日本人はこれを親切だとして容認している。この場合、私は彼らといかなる議論をしたら、自分の「正しさ」を論証できるのか？　私の経験によると、彼らが私と同じ信条を共有しない限り、永遠に決着はつかないのである。こうして、とりわけ他人に親切にする義務は、それを実現する段階になると途方もなく難しい問題に直面することになる。

さまざまな具体的な道徳的善さが定言命法から必然的に導出されるわけではない。むしろ、道徳的善さの導出の仕方（定言命法）が与えられるだけで他に何も基準がない状態において、各人はすべて「ひとりで」何が道徳的に善いのかを決めなければならないのだ。たとえ定言命法を熟知していたとしても、何が正しい導出か正しくない導出か、明晰判明にわかるわけではない。理念的には完全にわかるはずであるが、現実的には不完全にしかわからない。われわれは、常に「さしあたり普遍的立法と思われるもの」を導出することができるのみであり、いつも「危うい」位置にいることを自覚しなければならない。

範型論

『実践理性批判』には『純粋理性批判』の「図式論（Schematismus）」に呼応して「範型論（Typus）」が登場してくる。「図式論」において、カントは悟性の形式としてのカテゴリーと感性の形式としての時間とを結ぶ「第三のもの」として構想力が受け持つ「図式」を導入する。構想力が、普遍をとらえる悟性と特殊をとらえる感性という両性質を持っているからである。これが認識の場合であるが、ここでは道徳法則をとらえる理性と自然法則をとらえる悟性とを結ぶ第三の媒介物として「範型」が導入される。

例えば、三角形の図式の場合を考えてみよう。一方で、「三角形」という概念は幾何学図形ではなく、他方、紙の上に作図した個々の図形は特定の個物であって幾何学図形ではない。それにもかかわらず「これは三角形である」という判断が成り立つためには、両者を媒介する「第三のもの」がそこに成立していなければならない。それが図式である。すなわち、三角形の図式とは、「三角形」という概念が与えられたときに、純粋直観（空間）に個々の図形としての三角形を作図する一般的な仕方、三角形という概念を三角形という図形へと「感性化」する仕方である。

だが、カテゴリーや幾何学図形と異なり、道徳法則はいかなる直観にも関連せず感性化できない。しかも、それが単なる理念（仮構物）に留まらず、独特の「法則」であることを示さなければならない。その場合、法則の唯一のモデルである自然法則へ道徳法則を関係づけるしかない。そこで、悟性に属する三角形の概念を感性に属する三角形の図形へと感性化するために「図式」が要求されるように、理性に属する道徳法則を悟性に属する自然法則へといわば悟性化するために、「範型」が要求される。三角形がペガサスとは異なり実在するためには三角形の図式が必要であるように、道徳法則がテレパシーのような神秘的な作用とは異なり実在するためには範型が必要なのである。

アナロギアと一つの理性

範型論の論述は錯綜しているが、中世以来の“analogia”（類比あるいは比例）を道徳法則と自然法則のあいだに確立しようとするものである。

すなわち、「範型論」においてカントが主張しているのは、道徳法則の法則性（普遍性と必然性）は自然法則の法則性（普遍性と必然性）に関連づけることによって確保されるということだけなのだ。『人倫の形而上学への基礎づけ』において、カントは次の形での定言命法も挙げている。

きみの行為の格律が、きみの意志によって、あたかも普遍的自然法則になるかのように行為せよ。

（基　四二）

自然法則は、ニュートンの万有引力の法則あるいは運動法則のように、いつでも・どこでも・誰にとっても成立するという性質（普遍性）と、それ以外ありえない、あるいはその否定が矛盾であるという性質（必然性）を有しているが、カントは自然法則のアナロギアとして（これを範型として）、同じく普遍性と必然性を有する道徳法則を導き出すわけである。

よって、もしわれわれがニュートン力学のような普遍的かつ必然的な自然法則を有していないのだとしたら、他に道徳法則の範型はないのだから、われわれは道徳法則を（存在するにしても）認識できないであろう。

アナロギアの根拠はどこにあるのか？　どこにもないように思われる。あえて求めれば、理性が、たとえ理論理性と実践理性とに区別されうるとしても、「一つ」だからであろう。

「範型論」の問題提起とその論述はきわめて（悪い意味で）形式的・抽象的である。三角形の図式は、三角形の作図、普遍と個物との関係、「これは〜である」という経験的単称判断の根拠などの問題を含む認識論的に興味ある問題であるが、道徳法則の範型は単に法則の普遍性と必然性を保証するだけの構成物にすぎない。

ここには隠されている問題がある。それは、道徳法則はわれわれ人間の行為に連関し、その行為は特定の場所で特定の時間に生起する身体の経験的運動によって生起するということである。そして、この身体の運動は自然因果性に、さらには自然法則に従っている。道徳法則がもろもろの神秘的法則と異なるのは、それ自体が自然現象を支配するのではないにしても、自然現象としての人間の身体運動を伴う行為に関係することである。人間行為は、一方において、まるごと自然現象であり完全に自然因果性に従うが、他方において、現象界を超えた可想界における自由による因果性に従う。

さらにまた、道徳哲学は、その原則をすべて具体的に、また実践上の結果とともに少なくとも可能的経験において与えることができるから、これによって抽象から生じる誤解を避けることができる。（B　四三五）

人間は現象界＝可感界における具体的行為において、可想界からの因果作用を（たとえ認識できなくても）受け止めうるのでなければならない。人間は理性的存在者として「～である」現象界と並んで「～すべき」可想界に生きているのだが、可想的行為が「行為」とみなされるためには、現象界において自然因果性のもとに現に行為しなければならない。現象界で行為することをもって、それを可想的因果関係の結果として、すなわち「～すべきでない」行為として、意味づけることができるのだ。

自然法則を道徳法則の範型とみなす範型論は、道徳法則の支配する可想界と自然法則の支配する現象界に同型性を保たせることによって両者を「繋ぐ」一つの試みなのである。

道徳法則の演繹

カントの奮闘にもかかわらず、じつは道徳法則は自然法則とのアナロギアとして成り立っているだけである。そして、アナロギアは確固とした根拠を与えることができないのだから、それは道徳法則に実在性を付与できない。よって、道徳法則は実在的な法則なのではなく、矛盾なく想定される「理念」にすぎない。

カントは道徳法則に関しては、理論理性による演繹が成功しないことを告白している。

> したがって、道徳法則の客観的実在性は、いかなる演繹によっても、理論的、思弁的理性あるいは経験的に支持された理性の尽力によっても、証明されえない。（実　五六）

しかし、この直後に、カントは、理論的実在性から実践的実在性へと実在性の意味を転換することによって、突如『純粋理性批判』におけるカテゴリーの演繹とはまったく異なる道徳法則の演繹（カントの言葉ではないが、「実践的演繹」と言っていいであろう）が可能であると断言する。

カテゴリーを経験に適用することによってそれに客観的妥当性を付与する、というカテゴリーの演繹の場合には、もともと経験がそれ自体としてではなくカテゴリーによって構成されたものであるという知見によって、成功した。

道徳法則の場合は自由な行為を文字通り構成するものではないが、何らかの仕方でそれにア・プリオリに関連することによって、客観的実在性を得るほかはない。それをカントはきわめて抽象的に、次のように語る。

道徳法則は、（中略）思弁哲学においてはその概念が消極的でしかなかったような〔自由による〕因果性に対して法則を規定し、この概念にはじめて客観的実在性を与える。（実　五六）

カテゴリーが経験を構成し、それに実在性を与えることによって、みずからに実在性を与えたように、道徳法則は、自由という概念（理念）に法則を規定し、それに実在性を与えることによって、反射的にみずからの実在性を演繹するというわけである。

行為がいかに生起するかという側面に注目するだけでは（つまり思弁的には）、自由は単なる理念の域を出ない。なぜなら、自由をある特定の行為Hを実現することもしないこともできるという意味に解する限り、行為Hが生起してしまえば、~Hが生起することもできたことは証明（認識）されず、行為~Hが生起してしまえば、Hが生起することもできたことは証明（認識）されないからである。

こうして、何かが生起したことをもって、それが生起しないこともありえたと想定するわけであるが、生起したことは自然因果性によって完全に説明でき、かつ生起しないこともありえたであろうことは単なる想定なのであり、「意味」なのであるから、同じレベルには並ばない。その意味で、Hも~Hも生起できたはずだという自由（超越論的自由）は、どこまでも理念に留まることになる。

だが、思弁的段階を超えて実践的段階に至り、「~である」世界に、「~であるべき」世界を重ね合わせるとき、われわれは自由（実践的自由）を理念から実在に移行させることができる。Hがたとえ実現されたとしても、それははじめから実現すべきではない行為、選ぶべきではなかった選択肢として、意味づけられるからである。

Sが偽証したとしよう。思弁的理性においては、ただSは偽証しないこともできたはずだということに留まる。この「できたはずだ」は単なる想定であり、理念である。しかし、実践的理性は、Sが選択しなかった選択肢~Hに「現に選ぶべきだ」だという重い意味を付与する。しかも、Sはア・プリオリに~Hを選択すべきことを知っていたのだ。

Sは~Hを選ぶべきであることをア・プリオリに知っていたのにHを選んだわけだから、Sは意図的に道徳法則に反して選んだのであり、このSの選択（実践的自由）に実在性を付与することによって、道徳法則は自分自身に実在性を付与するのである。

以上のように、カントは超越論的観念論における実在性（理論的実在性＝科学的実在性）とはまったく異なった新しい実在性（実践的実在性）を導入することによって、道徳法則および自由の実在性を演繹している。

もちろん、この「実践的演繹」も成功していないと批判しうる。ここに持ち込まれた実践的実在性も、なされた行為の責任追及を説明しうる単なる理念、すなわちうまくできた作業仮説にすぎないのではないか、と。

実践的実在性を承認するか否かは、「道徳法則の演繹」という限られたレベルで決着がつくものではない。それは、自由と自然因果性との関係が開く広大な場において、時間論、行為論、責任論が依拠する共通の「根」（それは、あらかじめ言っておくと行為が実現される「根源的現在」なのであるが）を探り当てたすえに、判断されるべきものである（その作業は、第三章まで持ち越される）。

2　道徳法則に対する尊敬

われわれはいやいやながら道徳法則を尊敬する

『実践理性批判』の第一部、第三章は「純粋理性の動機について」と題され、「動機」こそ道徳的善さの根源である、というカント倫理学の中核を成す思想が示されている。

よって、道徳法則に対する尊敬こそ唯一の、また同時に疑いえない道徳的動機である。そして、この〔尊敬の〕感情は、もっぱらこの道徳的動機という根拠からでなければ、いかなる客観にも向けられることはない。（実　九二）

「尊敬（Achtung）」とはいったい何か？　それは、理性的存在者一般が共有するものではなく、人間のように理性的であると同時に感性的（感情を持つ）存在者が道徳法則を把握する独特の仕方である。すなわち、この章において、カントは人間という独特の感性的存在者の目線に降り立って、道徳法則を見直しているのである。

その場合、一見奇妙なことに、尊敬と「いやいやながら」とが結びついている。

尊敬が快の感情であることはほとんどなく、われわれはある人に関していやいやながら尊敬するのである。（実　九〇）

道徳法則に対する尊敬は「苦痛」（実　一五四）さらには「不快」（実　一六四）という感情をひき起こす。道徳法則は強制的に「〜すべし」と命ずる。その「うるささ」が、快や幸福さらには逸楽や怠惰を求めるわれわれを不快に陥れるのだ。

義務は、このように傾向性のあらゆる規定根拠を排除するので、その概念は行為への実践的強制を含み、すなわち、たとえある行為がいやいやながら実現されようとも、その行為へと規定することを含む。（実　九四）

ここでは、原文で使用されている „ungern" を、「いやいやながら」と訳したが、これは „gern"（喜んで）に否定を表す接頭語がついた副詞であって、「喜んでというわけではなく」というくらいの意味である。道徳法則に対する尊敬は、自然的欲求ではないのだ。

カントが認めないことは、道徳的善さを「喜んで」実現しようとする態度である。その場合、道徳的善さの実現はすなわち自然的欲求としての幸福の実現にほかならなくなるであろう。これは断じて認めてはならないことである。よって、カントは道徳法則に対する尊敬の感情に、けっして「喜んでというわけではないが」（すなわち自然的欲求ではないが）という但し書きを入れる。

われわれ人間は自然本性的に幸福や快を求める生物であるのだが、道徳法則への尊敬はこの欲求を「実践的強制」によって第二の位置に引き下げようとする。それは、快ではなくむしろ不快であろう。われわれはいつも喜んで約束を守るわけではあるまい。喜んで他人を助けるわけではあるまい。喜んで身に危険のある証言をするわけではあるまい。われわれは、それがいかに不快であっても義務だから遂行するのである。

こうして、カント倫理学においては、われわれが「喜んで」なすのではなく「いやいやながら」なすとき、行為は道徳的価値を有することになる。奇妙に見えるかもしれないが、カントの目線で考えてみよう。

自分が人に金を貸与している場合、その返済を「いやいやながら」要求する人はいないであろう。その場合、契約の履行はすなわち自己利益の実現であり、自然的欲求であり、たとえそれが「義務から」であろうと、道徳的価値はない。

恋人に親切にするように、喜んで他人に親切にできる状況において他人に親切にすることは、自然的欲求と変わらず、どんなエゴイストにもできる容易なことであり、そこに道徳的価値はない。

義務を遂行することがとりもなおさずスピリチュアルな快である場合でも、例えば、イエスの教えに従って殉教することが至福である場合やエピクロスの教え通り清貧に徹することに無限の喜びを感ずる場合でも、その行為の道徳的価値は減ずることになろう。

カントによれば、自殺は自分自身に対する完全義務違反である。だが、人生が楽しくてならない人が自殺しないからといって、彼（彼女）の行為が道徳的に善いわけではない。生きるのが苦痛でたまらない人が「いやいやながら」自殺を思い留まっているとき、彼（彼女）の行為は道徳的に善いのである。カントは印象的に記述している。

ある人が一連の不幸によってついに絶望状態に陥り、生きることにうんざりしているが、自殺することは自分自身に対する義務に背くのではないかと自問しうるだけの理性をまだ有している。

（基　四三）

彼（彼女）は、これ以上生きても何の楽しみもなくますます不幸が襲ってくるだけだから、自殺したほうがいいと思い、それを格律にするとしよう。だが、彼（彼女）はこの格律が普遍的立法になりえないことを知る。なぜなら、彼（彼女）はさらなる不幸を避けるために自殺しようとするのだから、「幸福の原理」に基づいて自殺しようとするのであり、その動機の中心には自己愛があるのであって、理性の命令に反するからである。

道徳感情論批判

道徳的善さの基準としての「道徳法則に対する尊敬」という感情は、当時ポピュラーであった「道徳感情論」と混同されてはならない。カントは、道徳法則に対する尊敬という感情が道徳感情論といかに違うかを『人倫の形而上学への基礎づけ』や『実践理性批判』において繰り返し確認している。例えば、次の箇所である。

> この〔感情に対する道徳法則の〕作用は、一方では、単に否定的＝消極的であるが、他方では、それも純粋実践理性が〔感情に〕制限をつける根拠に関しては肯定的＝積極的である。そして、そのためには実践的あるいは道徳的感情という名のもとに、道徳法則に先立ち道徳法則の根底をなすような特殊な感情を想定する必要はまったくない。（実　八七〜八八）

持って回った口調の裏にあるカントの意図は明らかである。カントは道徳的善さの「起源」を問題にしている。道徳的善さは、感情の「うち」にではなく、あくまでも理性の「うち」に起源を持たねばならない。そうであるためには、われわれはまず道徳法則に対する尊敬という根源的感情、すなわち道徳的感情を持つのではない。その場合、道徳法則の起源は「尊敬という感情」になってしまうであろう。そうではなくて、道徳法則に対する尊敬という感情は、理性の「うち」に起源を持たねばならないのだ。

そのメカニズムを、カントは次の明確とは言い難い文章によって語っている。

諸傾向性によって触発された理性的主観におけるこの感情は、自己卑下（知的軽蔑）と呼ばれるが、この感情は自己卑下（知的軽蔑）の積極的根拠、すなわち〔道徳〕法則に関しては、同時にそれに対する尊敬である。（実　八八）

理性に起源を有する感情は「知的軽蔑（intellektuelle Verachtung）」、すなわちあらゆる自己愛に基づく動機を軽蔑して排除するという知的感情である。道徳法則に対する尊敬という感情は、この知的軽蔑のいわば反射形態にすぎない。すなわち、第一に知的軽蔑という特殊な知的感情が理性の「うち」に生じ、第二に、これによって反射的に個々の人間の「うち」に道徳法則に対する尊敬という感情が生ずる。

道徳感情論においては、「感情」は道徳的善さの原因であるが、カント倫理学において、道徳的善さの原因はあくまでも理性の「うち」にあり、尊敬という感情はそれによってひき起こされる結果にすぎないのだ。

確かに、『実践理性批判』における「動機論」は『純粋理性批判』における「感性論」の位置を占める。だが、理論哲学においては悟性と感性は対等の地位にあり両者の協働によって認識が成立するのであるが、実践哲学においては、尊敬という感情（感性的なもの）に基づく動機は、理性によって呼び起こされるにすぎず、その意味で理性とは対等ではなく、理性に依存する。

カントの「道徳法則に対する尊敬」の理論は、理性と感性の二項対立という図式を維持したまま理性主義を貫き、かつ尊敬という感情を重視する、という矛盾した事態を説明するための苦肉の策と言ってよい。

道徳法則は人間の「そと」にあるのか「うち」にあるのか？

道徳法則は個々の理性的存在者（人間）の「うち」にあるのか、それとも「そと」にあるのかと問うてみよう。その答えには慎重でなければならない。単純な意味で「うち」であるとすれば、尊敬とは自分自身に対する尊敬となってしまい（自尊心と異ならず）、カントの真意ではない。しかし、単純に「そと」と解すると、（神のように）自分の外部にある道徳法則を尊敬することになり、これもカントの真意から外れる。

個々の理性的存在者は各個人に特有の「経験的性格」を持っている。しかし、いかに劣悪な経験的性格の保持者であろうと、理性的存在者である限り、理性が命ずるもの（道徳法則）のみに従おうとするもう一つの「可想的性格」（理性的存在者としての人間に共通の性格）を持っている。

ここには、二つの世界に足を突っ込んでいる人間という枠組み（二世界論）が残っている。しかも、二世界は等価ではなく、可想界こそが（実践的理性の見地から）実在的であり、可感界はその現象形態にすぎない。この順序＝秩序（Ordnung）をしっかりつかんでおくことが必要である。人間は、まず第一に可想的性格を有する本体（noumenon）として可想界にあり、第二に、その現象形態が経験的性格を有する個々人なのだ。カント倫理学における個々の論述は、常にこの順序＝秩序を維持するように進行していかねばならない。よって、カントは道徳感情論を批判し、尊敬という感情に理性自身の知的軽蔑が先行すると宣言するのである。

意志の自律とは、理性が感性的傾向性から自律であるということである。本体としての人間がその現象形態における付属物（傾向性）から自律であることによって、本来の自己になりうる、という図式をここに読み取ることができる。

カントは、個々の理性的存在者（人間）へと分配された理性ではなくて、まず普遍的な理性そのものを実体的にとらえている。まさに「純粋理性批判」とは理性が理性を批判すること、個々の理性的存在者にではなく、理性自体に自己批判能力があるということである。

よって、先の問いに対する答えは次のようになる。道徳法則は、個々の理性的存在者としての人間にとって、それをとらえる能力（すなわち理性）は自分の「うち」にあるが、道徳法則自体はあくまでも尊敬する対象として自分の「そと」にある。あるいは、道徳法則は可想的性格としての自分の「うち」にあるが、さしあたり常に経験的性格としての自分の「そと」にある。

この関係は、幾何学の規則の場合と同様である。ピタゴラスの定理自身が個々の人間の「うち」にあるわけではない。ピタゴラスの定理を理解する能力は個々の人間の「うち」にあるが、それ自体はあくまでも個々の人間の「そと」にある。では、それは積極的に「どこ」にあるのだろうか？　プラトンのように「イデア界」にあるわけではない。

デカルト以降、この問いは答えるのが難しくなった。理性自体の「うち」にあるとしか答えられなくなった。カントは、デカルトと異なり、純粋直観としての空間というものを設定したが、ピタゴラスの定理は純粋直観の「うち」にあるとは言えないであろう。「そこ」にあるのはピタゴラスの定理を示す具体的な直角三角形であるにすぎないからである。

尊敬はしても従わない

視点を変えれば、われわれは道徳法則に対していかに尊敬してもそれに従うとは限らない。尊敬と盲従とは異なる。われわれは（なぜか）道徳法則を尊敬しつつ、それに反することができる。道徳法則に対する尊敬は、逆説的に道徳法則への反抗可能性をはじめから含意しているのだ。

　すべての命令は、あることをするのが、あるいはあることをしないのが善であると語りかける。しかし、すべての命令は、あることをするのが善であると提示されても、それを常になすとは限らないような意志に向かってこう語りかけるのである。（基　六六）

「命令」が成立するためには、命令する相手が命令を理解しうること、命令に従いうることが必要である。しかし、同じほど必要なのは、その相手が自然法則に従うように自動機械的に命令に従ってはならないことである。命令が成り立つ相手は命令を自分の自由において拒否しうるような存在者でなければならない。命令に従うことも従わないことも、自分が自由に選べるような存在者でなければならない。

カントの基本図式では、われわれ人間は第一に自然欲求として「幸福の原理」に基づいて何ごとかをなすのであるが、理性はそれを第二に格下げし、その代わりに第一に「誠実性の原理〔道徳法則〕」に従うことを命ずる。それは、尊敬しながらも不快であり、したがって絶えず違反する懸念のあるものである。

> われわれの道徳法則に対する尊敬の感情は、違反に対する恐怖、あるいは少なくとも違反したのではあるまいか、という懸念に結びついている。（実　一七〇）

> とはいえ、およそ人間の到達しうる限りの道徳的完全性といえば、結局徳だけである、とすれば、道徳法則に対する尊敬に基づく合理的心意にほかならない、したがってまた絶えず〔道徳〕法則に違反しようとする意識、あるいは少なくとも不純への性向の意識である。（実　二五五）

われわれは、第一に「幸福の原理」ではなく、「誠実性の原理〔道徳法則〕」に従え、という理性の命令を、盲目的ではなく自由に選べるからこそ、それに違反することも自由にできる。道徳法則は道徳的に善い行為を導くものであるからこそ、われわれは道徳法則を尊敬しつつ、「幸福の原理」に基づいて道徳的に善くない行為、道徳的に悪い行為をも自由に選べるのだ。

なぜわれわれは道徳法則を尊敬しながらそれに違反することができるのか、そのダイナミズムをカントは『実践理性批判』では論じていないが、五年後（一七九三年）の『宗教論』において詳細に論じている。いわゆる「根本悪（das radikal Böse）」に関する理論であり、これがカントの自由論をいわば裏側から支える大きな柱になっている（このことについては、あらためて第四章で考察する）。

3　誠実性とは何か？

一般的と普遍的

カント倫理学に対して直ちに湧き上がる違和感は、普遍的な唯一の道徳法則などない、というものであろう。だが、カント倫理学の砦はなかなか堅固であり、断定する前にその構造を丹念に吟味してみなければならない。

こうした批判をカントは知り尽くしていて、かつその信念は揺らぐことがない。まず、多くの批判者が誤解しているが、カント倫理学はどこまでもオープンシステムだということ、何が善で何が悪か確実には決まっていないということである。道徳的善さの内容（実質）は、さしあたり開かれているのだ。

確かに、道徳的善さを探求する形式は定言命法に限定され、それによって確立した道徳的善さが普遍性と必然性を有するのみならず「誠実性の原理」に従うことも決まっている。しかし、このすべてをもってしても、道徳的善さはもしかしたらヒトラーやサドを排除せず、コルベ神父やマザー・テレサを排除するかもしれないほど「柔軟」なのである。

カントの一つの強力な武器は――先に（第一章第2節で）触れた「一般的」と「普遍的」との区別に繋がるが――、「事実問題」とは区別された「権利問題」を問題にしていることである。

道徳的善さは、地上の（あるいは地上を超えた）あらゆる理性的存在者が事実上それに従っているということ（一般的な事実問題）には依存せず、理性的存在者が権利上それに従うべきだということ（普遍的な権利問題）に基づく。

これは、抽象的に解するのではなく、カント自身が委託物の事例を挙げて説明しているように、法的事象にそって解釈するとわかりやすい。

例えば、私があらゆる確実な手段によって自分の財産を増大することを私の格律にしたとしよう。さて、いま私の手中に一件の委託物があり、その所有主はすでに死去し、この委託物に関するいかなる証書も残さなかったとする。これは、明らかに私の格律が適用できる場合である。そこで、先の格律が普遍的な実践的法則としても妥当しうるかどうかを、私はもっぱら知りたいと思う。（実　三一）

この場合、カントは、「委託物を預かった者は、当の委託した者が死んだり行方不明になった場合、たとえ自分のものにしたほうが委託物（例えば家屋）を有用に利用しうるとしても、絶対に自分のものにしてはならない」と結論づける。なぜなら、それは「委託物」という概念の意味に反するからである。

これは、幾何学の法則（定理）は、たとえ事実上ほとんどの人が解けなくても、その妥当性にはいささかも損傷がなく、すべての人が権利上解けるはずだという理論と並行している。

これが「理性主義」さらに強調すれば「理性信仰」というものである。あらゆる理性的存在者は理性の命ずる道徳法則に、たとえ事実上従っていなくても、権利上すなわち「理性的存在者」という概念の意味からして従うべきなのだ。

だが、道徳法則の普遍性に対して疑問を呈する人は、幾何学の場合は権利上の普遍性を認めることにやぶさかではないが、同じ権利上の普遍性を道徳法則に要求できるのか、と問うているのではないだろうか？　デカルト以来、西洋哲学を支配しカントに至って完成形態を見た理性信仰のうち、数学や物理学に関する半面を承認しつつ、神学や道徳に関する半面に疑問を投げかけているのではないだろうか？

とはいえ、内容のない形式だけの「道徳法則」に関していかに議論を展開しても、カントの理性信仰を突き崩すことはできないであろう。カントは、論理学の法則のように、内容のない形式だけの道徳法則の普遍性に対して揺るぎない信仰を持っているわけではないからである。

カントの場合、道徳的善さの普遍性・必然性を根底から支えているものは、「誠実性の原理」である。

理性信仰とは、抽象的な理性に対する信仰なのではなく、「誠実性の原理」こそ（人間を含む）理性的存在者一般に妥当するはずだという信念に基づいている。「誠実性の原理」はいかなる個々の「徳（Tugend）」とも区別される別格の徳であり、理性的存在者たるもの、たとえ個々の徳においていかに異なろうと、この原理に関して合致しないわけがない、これがカントの信念である。

よって、普遍的な道徳的な善さがあるのかという問いを、はたして誠実性は普遍的なのかという問いに絞り込むことによって、答えを探ることにしよう。

誠実性という独特の義務

道徳的善さの原理である「誠実性の原理」は、「自殺をしない」とか「約束を守る」というように記述される個々の義務とは階層の違う原理である。それは、心理状態のような外見を呈しているが、じつはそうではなく、あらゆる道徳的に善い行為に具わる普遍的な価値であって、道徳法則の普遍性とぴったり一致している。

それは、あらゆる外形的に善い行為（適法的行為）のうちから道徳的に善い行為を抉り出す指標なのであり、あらゆる義務に適った行為のうちから義務からの行為を抉り出す指標にほかならない。

カントの言葉を引いておこう。

ところで、義務から誠実である（wahrhaft）のと、不利な結果を避けようとして誠実であるのとは、まったく異なったことである。（基　二一）

きちんと期日までに借金を完全に返すというように、「外形的に誠実」と言える行為はあるであろう。しかし、われわれはおうおうにして「〔信用を失うというような〕不利な結果を避けようとして」返済するだけなのであって、期日までに借金を完全に返すということが義務だから、それが道徳法則に適っているから、という理由だけで返済するわけではない。

そして、この図式は、「自殺をしない」とか「偽証をしない」とか「他人に親切にする」というあらゆる適法的行為から道徳的に善い行為を抉り出すときに妥当する。

すなわち、「誠実である」とは、これらの適法的行為と並んで具体的に記述される行為なのではなく、むしろあらゆる行為を「誠実に」実現するという副詞的意味を有している。私が誠実に約束を守るとは、私があらゆる自己愛に基づく動機、完全な人間になろうとする動機、誠実であることに喜びを感ずる動機、宗教的理由に発する動機を排除し、約束を守るべきだから約束を守ることである。

しかも、繰り返せば、これは心理的事実を表しているのではないから、各人は自分の心理状態を「内観（Introspektion）」によって把握して、自分が誠実かどうかを判定できるわけではない。

よって、諸行為の本来の道徳性（行為の功績と罪過）は、いや、われわれ自身のふるまいの道徳性

すら、われわれにはまったく隠されている。（B　五七九）

誠実性を主観的な心の状態だとすると、普遍的な道徳が成り立つ余地はないであろう。各人は、何であろうと勝手に「僕は心から自殺したいのだから、自殺しようとしている僕は誠実だ」とか、「俺は心から約束を守りたくないのだから、約束を守りたくない俺は誠実だ」とか「私は心から他人を助けたくないのだから、他人を助けない私は誠実だ」と言い張ればいいことになるからである。

一つのヒントが『判断力批判』にある。

快の感情に関しては、対象は快適か美か崇高か（端的な）善かに算入されうる（incundum, pulchrum, sublime, honestum）。（判　一一三）

カントはここで「善（das Gute）」に対応するラテン語として〝honestum〟を使用した、というよりむしろ彼は絶えずラテン語の〝honestum〟を思念しながら、「善」について思索していたのである。とすると、英語の〝honesty〟やフランス語の〝honnête〟が受け継いでいるように、カントが思念している「善さ」にはもともと「心の気高さ」という色合いを帯びた「誠実」が含意されている、とみなしていいであろう。

確かに、日常言語に限っても、「誠実」という言葉はその適用領域が狭く限定されている。例えば、私が「誠実に散歩する」とはいかなることであろうか？　「誠実に昼寝をする」、「誠実に風呂に入る」、「誠実にビールを飲む」とは、いかなることか？　善でも悪でもない膨大な日常のふるまい（すなわちアディアフォラ）に「誠実に」という副詞を付けることはふさわしくない、いやほとんど誤用なのである。

さらに、非適法的行為には「誠実に」という副詞を付けることはできない。「誠実に人を殺す」とか、「誠実に強盗する」とか、「誠実に強姦する」と語るなら、少なくとも日常言語においては完全な文法違反であろう。

こうして、「誠実」とは行為の内面（動機）を表す言葉のように見えて、じつは同時に行為の外形を要求する言葉であり、積極的に適法的行為にのみ適用される。言いかえれば、誠実性は適法的行為においてその行為の「道徳的善さ」として（のみ）現れる。疑いなく「誠実な行為」というものがあり、それをわれわれは端的に直観しうる。

先に（第一章第2節で）引用したカントの文章をもう一度見てみよう。

> 一人の低い身分の市民としては卑俗な男に、私は自分のうちには意識していないほどの性格の誠実性（Rechtschaffenheit）を感じる場合、私が欲しようと欲しまいと、また私が自分の身分の優越を彼に見誤らせまいとさらに頭を高く持ち上げても、彼の前に私の精神は屈する。（実　九〇）

このように、「誠実性」と訳されている言葉は、原語では „Rechtschaffenheit“ が使われていることが多いが、「嘘をつかない」という原理が「真実（Wahrheit）」を尊重する原理にほかならないように、誠実性と真実性とは重なり合う。あえて区別すれば、前者は自分の信念をそのまま言葉に出すことであり、後者は（自分自身に関することも含めて）観察や証拠や合理的な推測や他人の証言によって得た知識をそのまま言葉に出すことである、と言えるかもしれない。

しかし、前者に関して、自分自身の誠実性は正確にとらえられないし、後者に関しては常に錯誤が伴う。すべての誠実性は「さしあたり」の意味しかありえない。誠実性に対する信念とは、このように不安定なものである。この不安定さは道徳的善さの不安定さに正確に呼応している。

ユダヤ人を絶滅させるべきか？

もちろん、倫理学の理論をすべて日常言語の分析に委ねていいわけでもないであろう。倫理学の言語は日常言語を超えて逆にそれに影響を与え、そのことによって根本的に世界の見方を変えさせるほどの力を持つものでなければならない。

ここでは、「ユダヤ人を絶滅させるべきである」という格律を選んで、このことを考察してみよう。ヒトラーはじめ多くのナチスの指導者たちは誠実にそう信じていたのではないか？　それに同調した多くのキリスト教徒たちは、自分の信念に誠実だったのではないか？

もちろん私は個人的にはいささかもそう思っていないが、いや、そう思う人が不思議でさえあるが、わずか七十年ほど前に（オーストリアを含む）ドイツをはじめ膨大な数のこの格律の保持者がいたという重い歴史的事実を踏まえて、ここであえて問題提起してみる。

ある男が、微塵もいい加減な態度を混入させることもなく、何度も真剣に吟味し熟慮した結果、「ユダヤ人を絶滅させるべきである」という格律に達し、それを誠実に有しているとしよう。道徳法則の普遍性は経験的な「一般性（generalitas）」ではなく理性の命ずる「普遍性（universalitas）」なのだから、彼はこの格律の正しさを検証しようとしてすべての人に聞いてまわる必要はない。彼がみずから理性に問いかけて、この格律が定言命法に適うかどうか判定するだけでいいのである。

直ちに、この格律は次の定言命法（定言命法の第二式）に反するゆえに普遍的立法になりえず、したがって道徳法則にもなりえない、と判定されるように思われる。

いきみ自身の人格ならびに他のすべての人格における人間性を、いつでも同時に目的として使用し、けっして単なる手段としてのみ使用しないように、行為せよ。（基　五二）

ユダヤ人をユダヤ人ゆえに殺すこと、虐待すること、苦痛を与えることは、明らかにユダヤ人の人間性を「単なる手段としてのみ使用」することである。よって、定言命法に反するゆえに道徳的善さを表現していない。容易にこう結論づけられるかもしれない。

しかし、——虚しい理論を振り回すことを自覚したうえで、あえて言ってみれば——地上のあらゆる人種や民族のうちユダヤ人だけには「人間性が存しない」とみなせるかもしれないではないか。少なくともヒトラーおよびナチスの幹部、いや当時ナチスを熱狂的に支持していたおびただしいキリスト教徒はそう考えたのである。

さらに、ユダヤ人自身がこの格律を持ちうるゆえ、この格律は普遍的立法になりうる、と反論することもできるであろう。

例えば、L・マッキーは正面からこう主張するし、O・ヴァイニンガーは自分がユダヤ人であることに耐えられず、このことが彼の自殺原因の一つであったと言われている。ベルリン陥落直前のヒトラーの行為を見ていると、自分がユダヤ人であることが判明したら、自殺したのではないか、いや、ユダヤ人を全滅させるという条件のもとに彼に死を要求したら、それを受け容れたのではないかとすら思われる。

すなわち、ユダヤ人自身が次の定言命法（定言命法の第一式）に従っていることもありうるということである。

きみの意志の格律が、常に同時に普遍的立法の原理として妥当しうるように行為せよ。（実　三六）

こうして、「ユダヤ人を絶滅させるべきである」という恐るべき格律でさえ、カント倫理学は一〇〇パーセント遮断できないように思われる。これほどまでも、カント倫理学は「危うい」のである。なぜなら、第一に、はじめから何が適法的行為であり、何が非適法的行為か、明晰かつ判明に決定されているわけではないからであり、第二に、すでに（第一章の第3節で）検討したように、われわれが理性の声を聞けば、「いま・ここ」で何をすべきか、何をすべきでないか、おのずから細部に至るまでわかるわけではないからである。

カントは、道徳的善さは「幸福の原理」からは生ぜず、「誠実性の原理」から生ずることに関しては疑いを抱いていない。しかし、カントは「誠実」という言葉の意味を完全に日常言語に依存させているわけではない。誠実な行為に「道徳法則を尊敬するという動機のみから出た行為」という独特の意味を与えている。

よって、――すでに見たように――慈愛の念から出た自己献身的行為、宗教的背景を持つ自己犠牲的行為や恥辱、不名誉を避けようとして実現される男らしい立派な行為など、日常的には誠実とみなされる膨大な行為が誠実ではなくなってしまう。「誠実性」の意味する範囲は日常言語よりかなり縮小される。

とはいえ、カントは適法性の範囲をあらかじめ決定しないゆえに（そうすると他律になってしまう）、適法性の範囲は基本的に揺らいでしまい、これに連携して「誠実性の原理」の適用範囲も揺らいでくる。こうして、――奇妙なことに――先の男が「ユダヤ人を絶滅させる」という格律を誠実に有していることは、はじめから当然のごとくに遮断されるわけではないのである。

しかも、誠実性は必ずしも常に（客観的）真実性と一致するわけではない。自分が誠実に語ったことがじつは誤った情報に基づいていたり、誤認や誤解や錯覚に基づいていることも大いにありうる。もちろん、あやふやな情報や間違った判断に基づいて語ることは、そのこと自体が不誠実である。では、「誠実性の原理」は（客観的な）真実性の原理にほかならないのであろうか？　そうではない。われわれは常にさしあたり真実と信じていることを語るしかない。

「寸毫も非真実が含まれないように語るべきである」という原理を掲げてしまうと、誰も何も語れなくなり、「誠実性の原理」自体が崩壊してしまう。また、それはふたたび道徳的善さが対象（客観＝実質）に従うことになり、カントが考える意味でのア・プリオリな倫理学は成立しなくなる。といって、そのつど心に思ったことを語ればすなわち誠実なわけでもない。

まさに「誠実性の原理」自身が、「危うさ」の上に立っているのである。

職務を果たす誠実性

ナチスの幹部であったアイヒマンは、戦後になって逮捕され、イェルサレムの法廷で「私はカントの『実践理性批判』に書いてある通りのことを実行しただけだ」と述べた。彼によれば、自分はナチスの幹部としての職務に誠実に行為しただけなのである。

彼は、はたして誠実であろうか？　一見、「ヒトラーの指示通りのことを実行したまでだ」という彼の主張はヒトラーへの盲従であり、意志の自律に反するように思われるが、もしアイヒマンが「ユダヤ人を絶滅せよ」というヒトラーの指示を自分のうちで吟味熟考し、それを定言命法に当てはめて完全に「正しい」と確信してなしたとすれば、やはり意志の自律なのではないのか？

ふたたび確認すると、意志の自律には、われわれが理性の声に真摯に耳を傾ければ、何が道徳的に善いか否かを知りうることが含まれているわけではない。もしそうだとすれば、われわれは結局のところすでに決まっている道徳的善さの対象を「発見」するだけとなり、意志の他律に移行してしまうからである。

よって、「アイヒマンは誠実であった」という判断は、カント倫理学の一解釈として成り立つ余地がまったくないことはないであろう。だが、これに関しては安直な結論を控えることにする。

むしろここで問題にしたいのは、誠実性にはもう一つの重い意味（使用法）があるということである。それは、「職務を果たす誠実性」である。

電車の運転手には誠実に職務を果たすことが求められているが、それは道徳的に運転することではなく、「職務における義務」を忠実に果たすことである。車のセールスマンが誠実に職務を果たすとは、道徳法則を尊敬する動機のみに基づいてセールスすることではなく、なるべく売り上げを増すことである。兵隊が誠実に職務を果たすとは、敵の命を救うことではなく、敵を殺すことである。

こうして、おうおうにして、「人間としての義務」と「職務としての義務」はぶつかり合う。カントの義務概念は前者に限定されるが、現実の人間社会における義務のほとんどは後者である。これをどう考えたらいいのであろうか？

ポリスの一員としての男子の義務に反した者はポリスにいることができないであろう。ソクラテスは「よく生きることを探求する」という「人間としての義務」に反していないかもしれない。だが、彼は「ポリスの一員としての義務」に反したがゆえにポリスによって死刑判決を受けたのである。

近代社会の場合、「職務としての義務」は、個々の意図的契約あるいは生まれ落ちた共同体における暗黙の社会契約によるのであるから、間接的に「約束を守る」という完全義務に繋がっている。その場合、われわれが「守れない約束はするな」という定言命令に忠実に従うとすれば、その社会における実定法や慣習法に従うべきかどうかという格律を立て、定言命法によってその格律が道徳法則になりうるかどうか吟味し、その結果なりえないものに従わないと決めるとすれば、彼は革命家ないし社会改革家を目指すほかなく、普通に考えてその共同体に住むことはできないであろう。その共同体内部の職務も遂行できなくなってしまうであろう。

こうして、じつはここには具体的な社会の「掟」と理性の命ずる道徳法則とのズレを意識した者はどうしたらよいのか、という大きな問いが横たわっているのだが、カント倫理学はこの問いに対していかなる答えも出しえない。

軍隊の職務に誠実であることによって、兵士は膨大な敵の兵士を殺したあげくに殺され、彼らは英雄として無名戦士の墓に眠っている。職務に誠実でなかった者は、軍法会議にかけられ銃殺される。職務という名の鎧を着せられたとき、われわれが誠実であることは、いかなることであろうか？　理性に訴えかけても、すぐに正解は出てこない。

死刑の肯定

確かに、ナチスは膨大な数（四百五十万人とも六百万人とも言われる）のユダヤ人を殺した。しかも、ガス室に騙し入れて殺し、非人間的で過酷な強制労働の果てに殺した。もちろん、この残虐さは、道徳的善さとは縁もゆかりもない。だが、カント倫理学によれば、少なくともナチスが膨大な数のユダヤ人の生命を奪ったゆえに悪であるという結論を導くことはできない。

カントは死刑を肯定する。だが、完全な理性的国家でない限り、少なからぬ理不尽な死刑囚も生じてくることであろう（アウシュヴィッツに移送されガス室に送り込まれたユダヤ人は、「ユダヤ人である」という罪状による死刑囚である）。しかし、――不思議なことに――カントはこうした重要なことをテーマにしない。カントの関心はまったく別のところにあったのだ。

想い起こすに、カントによると、自殺は生きていることを苦痛とみなしそれから逃れることであるから、快を求め不快を避けるという「幸福の原理」に基づいている。ゆえに義務違反である。だが、死刑に服することは義務違反ではない。

自殺を否定し、死刑を肯定することは、矛盾なく成立するのであろうか？

『人倫の形而上学』には、次のような興味深い記述がある。謀反が起こり失敗したとき、謀反人のすべてに対して各人は死刑か手押し車労役刑かのいずれかを自由に選んでいいとする。そのとき「名誉心のある者は死刑を選ぶのに対して、無頼の徒は手押し車を選ぶにちがいない」（倫　四七六）とカントは言う。なぜなら「前者は彼が生命よりも高く評価するもの、すなわち名誉を知っているのに対して、後者はたとえ恥辱にまみれた生存であるにしても、この世にまったく存在しなくなるよりましだと考えるだろうからである」（同書　同ページ）。

これは、イングランドにおけるある歴史的事実を参照したものであるが、もちろんこんな量刑が事実そのとき言い渡されたわけではない。カントはこういう量刑の選択例を挙げることによって、命が惜しくて手押し車を押す刑を選ぶことは「命を第一に求める」という「幸福の原理」に基づき、ゆえに義務違反である、と考える。

カントにとって、生命はそれ自体として崇高でも尊敬に値するものでもない。むしろ生命は「幸福の原理」の中核に位置する自己愛のさらに中核に位置して道徳的法則（「誠実性の原理」）から眼を逸らせる。

こうして、自殺を否定し死刑を肯定することは、一応矛盾なく成立する。すなわち、自殺は、生きる苦しみを逃れるためであるから「幸福の原理」に基づき、また死刑を免れようと生命にしがみつくことも「幸福の原理」に基づくから、道徳的に善くはない。

この事例からも、カントの道徳的善さの目線がわかってくる。彼はその謀反が正当か否かにはいささかの興味も示さない。ただ、謀反人とされた者の潔いあるいは卑劣な態度だけが問題なのである。

生命は最高の価値ではない

カントは、ケーニヒスベルク大学でバウムガルテンの教科書を使って「倫理学講義」を担当していたが、その講義からは著書とは別のさまざまなカントの考察が窺える。

ここでは、P・メンツァーが学生のノートから編集した『カント倫理学講義』より、第二章第一八節「自己の生命に対する配慮について」を覗いてみることにする。そこで、カントは生命を第一の道徳的善さとみなす見解をはっきり拒否している。

冒頭の文章は次のものである。

われわれの生命に関する義務、すなわち生命に対して配慮するという義務について、われわれは次のことに気づく。すなわち、生命はそれ自体としては、われわれに委託され、それに対して配慮すべき最高善ではないということである。

そして、次に続く箇所で、カントは生命の価値に関する基本思想を披露している。誠実性を道徳的善さの原理とみなすとき、論理必然的に生命ないしはその保持は最高の価値ではなくなる。いや、生命は「幸福の原理」の中核に属し、しばしば「誠実性の原理」を最も脅かし破壊させる力を持つものとなる。

内面的価値を持つ人は、卑劣な行為を犯すよりはむしろ自己の生命を犠牲にするであろう。したがって、彼は自分の生命よりも自分の人格の価値のほうを優先する。

しかし、いかなる内面的価値も持たない人は、自分の生命を犠牲にするよりはむしろ卑劣な行為を犯す。そうすれば、確かに彼は自分の生命を保存するが、もはや生きるに値しない。なぜなら、彼は自分の人格に存する人間性とその尊厳を傷つけたからである。

自分の人間性を傷つける以外に自分の生命を保持しえない人は、むしろ自分の生命を犠牲にすべきである。

これらの文章は、カント自身の考えを記したものとみなすことができる。彼は講義の中でも先の謀反の例を挙げ、死刑か労役刑かという可想的選択に基づいて議論を展開しているからである。

しかし、ここでさらに深く考えてみよう。死刑ではなく手押し車労役刑を選ぶのは名誉をかなぐり捨てて命に執着する卑劣な行為であることは確かである。だが、カントの目指す道徳的に善い行為はストア派や武士道における「恥ずべき行為」とは画然と異なるはずであるから、そこをしっかり見据えなければならない。

確かに、ストア派や武士道においては、手押し車労役刑を選ぶ男は、名誉を捨てたのだから道徳的に善くないであろう。だが、死刑か手押し車労役刑かの自由な選択が許されているときに、手押し車刑を選択することは、直ちには「おのれの人間性の尊厳を毀損した」ことにはならないはずである。

カント倫理学の本筋からすれば、赤穂浪士のように、名誉のために、主君の恥辱をすすぐために、法に背いて、主君の仇を討ち自害するという行為も、結局は生命という幸福より自分の名誉や主君の名誉を守るという別の幸福を上位に置いているだけとなろう。だから、先の死刑か手押し車かという選択は、名誉という動機を強調すると、しょせん「幸福の原理」内の諸要素同士のぶつかり合いにすぎなくなるわけである。

さらに、死刑と並んで手押し車労役刑という選択が提示されているのに、あえて前者を選ぶことは間接的自殺であって、これは自殺してはならないという完全義務にも反することになる。

以上の考察から、本来のカント倫理学においては、死刑を拒否して手押し車労役刑を選ぶのは、名誉を守るためではなくあくまでも「誠実性の原理」に反するからでなければならない。すなわち、ここに隠されているカントの論理は、その謀反行為は本来死刑に値するのだが、恩義によって手押し車労役刑に減刑するという判決に対しては、「誠実性の原理」に反するゆえに受け容れてはならない、というものであろう。

実際のところ、注意深く読んでいくと、古来「善いこと」の代表格であった共同体（国家）を守るために生命を懸けることに関しても、カントは次のような微妙な立場を取っている。

もっと決定的なのは、祖国を守るために自分の生命を寛大な気持ちから犠牲に捧げることである。しかし、命令されてではなく、みずからこうした意図を持つことが、完全義務であるかどうかには、いくらかの疑念が残されている。つまり、この行為は模範としての、また模倣させる動機と

しての完全な力を、みずからのうちに持ってはいない。（実　一八一）

こうしてみると、キリスト教の殉教者たちも、カントの眼には完全に道徳的に善い行為という資格を得るには「いくらかの疑念が残されている」のではないか？　なぜなら、江戸時代のキリシタンたちは、踏み絵を踏んで村に居残るより、踏まないで磔になったほうが（精神的に）幸福だったかもしれないからである。

さらに、アウシュヴィッツで、若い男の身代わりとなって殺されたコルベ神父は、自分が殺されるほうがその男が殺されるより（精神的に）幸福だったかもしれないからである。幸福をスピリチュアルな幸福まで拡大すると、——常識的な実感にそぐわないであろうが——これらの行為は崇高な行為かもしれないが道徳的に善い行為ではない、という結論が導かれるのである。

嘘論文

以上の個々の考察を経て一般的観点から見直すと、生命を最高の価値とみなしてはならないということは、カント倫理学から直ちに導かれる。生命を最高の価値とみなすと、「誠実性の原理」はあっという間に崩壊するのだ。われわれが最も偽証へと誘導されるのは、自分あるいは自分の大切な人（家族、恋人、友人、恩人、恩師）の生命が脅かされるときである。

こうした考えは、カントの『人間愛から嘘をつくという誤った権利について』という論文（以下略して『嘘論文』と呼ぶ）に最もよく表れている。

友人が悪漢に襲われて、私の家に逃げ込んだとき、あとから駆け込んできた悪漢から「彼はどこへ行った？」と問われた場合、「あっちへ逃げた」と嘘をついてはならず、どこまでも真実を告げねばならない。これがカントの結論である。友人がたとえその結果殺されることになろうとも、私は嘘をついてはならない。

これは古来その不自然さが議論され、さまざまな修正解釈が出てきたが、私はこのままでいいと思う。私が平然と嘘をついて友人を救った場合、私は「誠実性の原理」に反し、友人の幸福そして（私は友人が生きていてほしいと願うのだから）私自身の幸福を第一にしてしまった。よって、私は道徳的に善い行為をしたのではない。

こうした結論は、この事例においては不自然な感がするかもしれないが、一般に義務に反した行為によって結果として自他の生命を救うことが道徳的に善い行為だとすると、死ぬほどの飢餓状態であれば、他人のパンを盗んでも、米屋を襲撃してもいいことになってしまうであろう。到底返す見込みのない借金をしてもいいことになってしまうであろう。

とはいえ、同時に次のことも忘れてはならない。私が友人の居場所を告げ、その結果彼が殺された場合、暴行された場合、いやうまく逃げおおせたとしても、私は断じて道徳的に善いことをしたのではないということである。この場合、私は真実を語ったのだから自分は道徳的に善いことをした、と居直るほど単純であってはならないであろう。

私は間接的に彼を殺したのであり、彼を苦痛に合わせたのであり、彼を裏切ったのであり、彼が何の不適法的なことも私に対して犯さなかったのに、「彼に親切にする」という義務に反したのであるから、断じて道徳的に善いことをしたのではない。

こうして、私はいずれの場合も道徳的に善いことをなしえない。私はこのことを自認すべきなのである。ここで私は古典倫理学が「義務の衝突」と呼ぶ残酷な状況に突き落とされ、倫理学が示すことのできる限界にぶつかる。私は選択するよりほかない。そして、何を選択しても、自分を責めるよりほかない。

パレーシア

誠実性については、個々の行為あるいは言明を別々に取り出して、「それは誠実である（あった）」という形で判定すべきものではなく、それらを含む複合的文脈において総合的に判断しなければならない。アイヒマンがナチスの幹部としてユダヤ人を強制収容所に駆り立てたことは、職務に忠実であり、それだけを取り出せば自分の信念に誠実であったかもしれないが、そう彼が自分を「仕立て上げたこと」は誠実でなかったのかもしれない。

こうして、考察を重ねていくと、「私は誠実であった」と主張するすべての人に対して、「必ずしもそうは言えない」と抗弁できるが、この方向を徹底すると、すべての人はいかなる行為においても不誠実になってしまうであろう。

そうかもしれない、誠実性は単なる理念であって、われわれが「誠実である」と判定する現実的行為は紙の上に描かれた三角形のように、いつも歪んでいるのかもしれない。

しかし、「すべての人はもともと道徳的善さを知っているのだ」という内容までも含む理性信仰に帰依してはならない。こうすることは、カント自身の真意に反して、新たな「十戒」を築き上げることになるのだ。意志の自律とは名ばかりで、いつの間にか意志の他律に変身してしまう。こうした方向はカント倫理学の自殺行為であり、断じて避けなければならない。

古来「パレーシア」と呼ばれてきた一つの道徳的に善い行為の基準がある。行為者がある事柄を誠実に語ってもいかなる利益を得ることもなく、かえって不利益を被ることが明らかな場合に、それにもかかわらず彼がそれを遂行するとき、彼は純粋な意味で誠実なのだ。逆に、行為者がある事柄を語ることによって、(結果としてでも)彼に利益や幸福や名誉がもたらされるとき、彼の心意がいかなるものであろうと、彼は厳密には誠実ではないのである。『実践理性批判』において、カントの挙げる次の実例はまさにパレーシアそのものである。

誰かに次のように問うてみよう、もし彼の君主が、背くなら直ちに死刑に処すと威嚇して、偽りの口実のもとに滅ぼそうとする一人の誠実な男に対して、彼に偽証を要求するなら、彼の生命に対する愛着の念がいかに強くとも、この愛に打ち勝つことができるか、と。(実　三五)

また、同書の他の箇所で、カントはアン・ブリン（十六世紀のイングランド国王ヘンリー八世の妃であったが、国王から密通の疑いを懸けられ処刑された）のような無実の者を殺害しようと企む者たちが、ある男にありとあらゆる威嚇をして仲間に加わるように求めても、頑として拒否する男の話を持ち出し、この話を聞いたら十歳の少年でも「単なる同意から感嘆へ、感嘆から驚嘆へ、そしてついには最大の尊敬にまで高まり、自分もこういう男になれたら、と心から願う」（実　一七八）と熱っぽく語っている。

思うに、この事例は、カントにとって道徳的善さの原型をなしていると言っていい。この場合、私は生命や身体や財産や身分など「幸福の原理」に属するものを慮って、つい偽証に走ってしまう。それでも理性は「誠実性の原理」によって「偽証すべきでない」と私に命ずる。ここに重要なことは、私が偽証せずに真実を語っても具体的に得になるものは何もないことである。逆に偽証さえすれば、私の生命も家族の生命も安泰であるし、財産も増し官位も昇進するかもしれない。功利主義的計算では考えられないほどの損をするにもかかわらず、私は真実を語るべきであることを知っているのであり、場合によって真実を語るのである。

その「誠実な男」が可哀そうになったからではない（たとえ私が真実を語っても彼は処刑されるかもしれない）。君主を諫めるためでもない。

理性的存在である私は——きわめて不思議なことに——、自他の幸福に反すること、すなわち（「幸福の原理」からすると）何の得にもならないことでも、それが真実＝誠実であるというただそのためだけに実行することがある。これこそ、道徳法則に対する尊敬という動機だけから実行すること、すなわち「偽証するな」という理性の命令に無条件的に従うことである。言いかえれば、私が偽証を拒むのは、他のいかなる理由のためでもなく、まさにそれが「偽証」だからなのだ。

真実を語ることが得になる場合

なお、カントの掲げる事例とは正反対の事例も考えられる。ゲシュタポが突然わが家にやって来て、私に「隣に住む男はユダヤ人ではないか？」と問うた。私は、彼がユダヤ人であることを知っており、私が「そうだ」と答えれば、彼が即刻強制収容所に送られることを知っているとしよう。そして、私が真実を語らない（ことがあとでわかる）と、私の身に危険が及ぶとしよう。

この場合、私は「そうだ」と真実を語ると得をするが、「違う」と偽証すると損をする。「幸福の原理」は私に真実を語るように促す。私は「幸福の原理」に基づいて真実を語るかもしれない。あるいは、私は身の危険があろうと、偽証するかもしれない。

よく考えてみよう。私が「そうだ」と真実を答えたとき、確かに嘘を語らなかったという意味において、私は偽証をしなかった。だが、だからといって私は道徳的に善い行為をしたのではない。なぜなら、私は身の危険があるから「そうだ」と語ったのであって、その限りやはり「幸福の原理」に基づいて行為したからである。

確かに、「誠実性の原理」だけに基づいて「そうだ」と語ることもあるかもしれない。だが、まさにその場合、私が誠実であることが私の利益と一致してしまうがゆえに、そして内心の動機は本人にもわからないがゆえに、それは道徳的に善い行為ではないと判定される。動機とは心の奥に隠された経験的・心理的事実ではない。それは、そのときの内的・外的全状況から判定されるものである。そして、私は真実を語ることが私の利益と一致してしまう状況で真実を語ったのだから、「幸福の原理」に基づいて真実を語ったのであって、「誠実性の原理」に基づいて真実を語ったのではない、とみなされる。

私の行為はパレーシアの基準に外れているからである。

誠実性と謙虚さ

パレーシアは、カント倫理学にとって誠実性すなわち道徳的善さの基準を与えるものであるが、さらに誠実性は、「謙虚さ」あるいは「自己卑下」と表裏一体をなすもの、「傲慢」や「自己過信」と正確に反対に位置するものとみなされている。

これに関しては、次の箇所が注目される。

> 一方で、有徳なエピクロスは、……まず人々に徳への動機を示そうと欲したのだが、その場合、すでに彼らの人格のうちに有徳な心意があることを前提するという誤謬に陥った。（実　一三三）

「心意」と訳した原文のドイツ語は „Gesinnung" であり、「傾向性（Neigung）」が自己愛を中核とする感性的なものに向かう傾向であるのに対して、道徳的な善さに向かう傾向である。カントによれば、このような心意を具えている人はめったにいない。いや、誰も具えていないのかもしれない。人間はどこまでも自己愛を追求するように生まれついており、だからこそ理性の命令によってそれを徹底的に「打ちのめす」ことが必要なのであり、その手続き（定言命法によって格律を普遍的立法にすること）のうちに道徳的善さが潜んでいるのである。

自分は道徳的善さに向かう心意を具えていると思い込んでいるのは自己欺瞞であり、そのこと自体が自己愛に基づいているのであって、それを「打ちのめす」必要があるのだ。このことは、何人も行為を実現するさいの自分のほんとうの動機など知らないということに呼応している。

だが、たとえ最高の洞察力と同時に最高の知的能力を有している人でも、有限的存在者であるから、自分が本来何を欲しているかについて明確な概念を得ることは不可能である。（基　四三）

誰も自分のうちで現にうごめいている錯綜した諸動機を見通すことはできない。だからこそ、何人も、自分には自然本性として「有徳な心意がすでに内在している」とみなしてはならない。むしろ、そこには自己愛にまみれた動機が潜んでいるとみなさねばならない。そうした自然本性を有する自分でも、道徳法則を尊敬することによって、自己の自然本性を蔑視することができる、こうした態度が、とりもなおさず誠実であることなのだ。

「誠実性の原理（道徳法則）」は、われわれが自由であるという「存在根拠（ratio essendi）」に基づいて成立しているのであった。いままで人類の誰一人として完全に誠実性を実現できた者はいないかもしれない。だが、それにもかかわらず、理性は誠実性を命じる。先に（第一章第2節で）引用した箇所をもう一度見てみよう。

この世界がもしかしたらこれまでにただ一つの実例をも与えなかったかもしれない行為〔が〕、（中略）それにもかかわらず理性によって容赦なく命じられる。（基　五四）

カント倫理学の根幹をひとことで表現する言葉がある。

彼は、あることをなすべきであると意識するがゆえに、そのことをなしうると判断する。（実　三五）

この文章は、長いカント研究史において、次のような語句に直されて語り継がれてきた。

きみはできる、なぜならすべきだから（Du kannst, denn du sollst）。

であるのなら、次のようにも言えなければならないはずである。

きみは誠実でありうる、なぜなら誠実であるべきだから。

ある男（女）がこれまで道徳的に悪いことのみを重ねてきたとしても、次の行為において、この独特の意味における「できる」を信じること、だが、その信念のもとにふたたび道徳的に悪い行為を実行してしまうこと、だがなおその直後でも道徳的善さを実現しうることを信じること、こうして絶えず自分自身によって裏切られても、どこまでも自分が道徳的善さを実現しうることを信じること、それが理性信仰にほかならない。

カント倫理学は、この「危うい」位置からわずかでもより安定した場所に移行することはない。

キルケゴールの「反抗」

カントの問題はキルケゴールが比類のないほど正確に受け継ぎ、人間の心の闇に降り立って厳密に記述した。

キルケゴールの「絶望」の最終段階は「絶望して自己自身である」段階、すなわち「反抗（Trotz）」である。地上のあらゆるものに対する絶望ではなく、生きていることそのことに対する絶望でもなく、「この自分」というものを引き受けてしまったことに対する絶望とでも言おうか。

神が世界の作者であれば、唯一の「書きそこない」であるこの私が救われることを拒否するという仕方で神に反抗し、自分の十字架を背負うしかない。「書きそこない」をしたのは原罪として、私自身に由来する罪ではないことはわかっている。それにもかかわらず、この私が引き受けるしかない罪であることもわかっている。

すべては読み取れない。私にわかっているのは、私のような男が悔い改めて救われるほど、神が甘くあってはならないということだ。私は寸毫もごまかしたくない。私は、自分に誠実でありたいゆえに、「書きそこない」を自覚し続けていたい。神よ、私という「書きそこない」を抹消しないでもらいたい。

誠実性は私の全身をぐさぐさ刻み続ける。そして、私が神の前でほんとうに誠実であろうとするなら、私は自分で誠実であると確信してはならない、という弁証法的真実を自覚する。

こうした誠実性の弁証法は、カント倫理学の表層には表れていないが、その深層に潜んでいる。私には、「誠実性の原理」だけが疑いえないものとして与えられている「常にどこでも誰に対しても誠実であれ」という理性の命令だけが与えられている。しかし、いったい何が誠実なのか、どうすれば誠実なのか、はっきりとは見通せない。そんな中で、一つだけ私にわかっていることがある。それは、私が自分を誠実だと確信した瞬間に私は誠実ではなくなるということだ。

といって、あらかじめこれを見越して「俺は不誠実な男であることを自覚しているから誠実なのだ」という弁証法を振り回すことが最も不誠実であることも明らかである。私は誠実であろうとして、

第三章　自由による因果性

前二章では、カント倫理学の基本構造というより、その深層構造を掘り起こしてみた。カントは道徳的善さを「形式」にのみ求めた、という俗説を払拭するためである。「形式」だけで、倫理学が成立するわけはないのに、こう信じ込んでいるカントの読者、いや（あとに挙げるラカンのような）カント倫理学をみずからの専門領域に利用しようとする（科）学者、いやカント研究者さえ少なくないのは不思議であり困ったものである。その場合、多くの研究者は「形式」の名のもとに、ひそかに実質を注ぎ込んで解釈しているのだ（カント自身がそうであるように）。しかし、ほとんどの研究者は、そのことを自覚していない。

（論理学ではなく）倫理学であるからには、「形式」だけからなる表舞台を裏で支える「実質」をしっかり探り当てねばならない。それは、「誠実性の原理」という名のもとに括られるが、この概念は、じつはそれほど明確ではない。われわれは「誠実であれ！」という理性の命令に耳を傾け、それを実現しようとするのだが（ここまでは明晰である）、直面する具体的状況において、何をなすことが誠実であり何をなすことが誠実でないのか、いや、無条件的に誠実であるような行為がそもそもありうるのか、正解がそのつど論理的に導き出されるわけではない。

　ここで、先に（第一章第3節で）引用した箇所をもう一度掲げておこう。

> 　ここにおいて、われわれは、哲学が天において何物かに吊り下げられているわけでも、地において何物かに支えられているわけでもないという——本来確固としているべきであるのに——危うい立場に置かれていることを知る。（基　四八）

言いかえれば、われわれは「誠実性の原理」を、こう記述する限り明晰に知っているが、その原理の具体的内容を明晰には知らない、という意味でやはり「危うい立場」にいる。そして、このことはカント倫理学の要である「自律」という概念にぴったり一致している。カントによれば、ある行為がいかに（外形的に）適法的であるとしても、その動機が「他律」である場合、すなわちみずからの「理性から」出たのではなく、何らかの「そと」の教理や戒律や学説や権威や権威者から出たものである場合、それは道徳的に善くはない。

とすると、われわれ不完全で有限な人間存在は、具体的状況において、すべての要因を鑑みて最も適切な行為を実現できるはずはないから、常に「適法性（外形的善さ）」において間違いうるということになる。ということは、その行為は非適法的行為なのだから、道徳的に善い行為でもない。

具体的に見てみよう。（以下のことは、場違いな感を与えるかもしれないが、ここにどうしても書いておきたい。）先の東日本大震災のさいに、多くの小学生・幼稚園児・保育園児が津波の犠牲となった。多くの場合、教師（保母）たちは、児童を一刻も早く非難させる代わりに、児童の人数を確認したり、保護者との連絡を取ったり、校庭に整列させたり、児童を安心させる努力をしたり等々のために、膨大な時間を費やし、いよいよバスを発車させるや、襲いかかる津波に呑まれてしまった（という）。彼らは、「児童の生命を救いたい」という純粋な動機を持っていたであろう。だが、そのために「そのとき」するべき最も重要なことを知らなかったのである。彼らは与えられた状況において最も適切な行為を実現しようとしなかったのであり、よって、彼らの行為は（非適法的行為は道徳的に善い行為ではないゆえに）道徳的に善いわけではない。

ここに重要なことは、彼らは誠実でもないということである。自分は津波から避難しえた教師たちは「あのときは精いっぱいだった」と自己弁護していた（という）。しかし、彼（彼女）が誠実ではない、という直観に変わりはない。

確かに、いかなる適法的行為も、それが「誠実性の原理」に支えられていなければ道徳的には無価値である。だが、「誠実性の原理」は、それだけであらゆる行為に道徳的な善さを付与するものでないことも知らねばならない。ということは、われわれはある状況で「誠実性の原理」のもと、精いっぱい努力しても、非適法的行為（したがって、当然ながら道徳的に善くない行為）を実現しうるのであり、これが「自由」であるという根源的意味である。

自由はもともと悪への自由という意味を内包する。われわれは善への自由を有するから、（それを論理的に可能にする）悪への自由を有するのではない。むしろ、われわれは根源的に悪への自由を有するからこそ、それに抗して善への自由も有するのだ。われわれは放っておくと、ごく自然に悪を実現してしまう存在者なのであり、これが第四章で検討する「根本悪」である。カントは、われわれが投げ込まれた残酷な事態を「ちり」の付着していない眼でしっかり見ていたのである。

以上の連関により、以後の第三章と第四章は、自由をめぐって議論を進めるが、まず、第三章では「自由による因果性」という観点から自由と自然必然性との関係という古典的難問を解決する糸口を見いだし、その上に立って、第四章では正面から悪への自由の考察に挑むことにする。

1　責任論的解釈

自由と道徳法則との等根源性

まず、端的に問うてみよう。「自由」とは何であろうか？　カントはまず、「超越論的自由」の名のもとに、ある特定のときにわれわれはAという行為を実現することも実現しないこともできるという、いわゆる「無差別均衡の自由」にそった解釈を採用する。これは、理念としての自由と言いかえられるものであり、行為Aが実現されたことをもって、~A（非A）を実現することも同じほど「可能だった」と語ることである。

これは直ちに、Aを実現することとAを実現しないこととが、文字通り「無差別」であったのなら、「そのとき~AではなくてAが実現されたのはなぜか？」、という素朴な問いに突き当たり、これに答えることはできない。

だが、自由の「理念」という性格を貫いて、すべては自然因果性によって支配されているが、同時に「あたかも他でもありえたかのようであった」という意味を与えることは矛盾ではないと考えることもできる。これは、あらゆる自然法則を認めたうえで、同時に「あたかもそのすべては神が設計したかのようである」という意味を付与しても矛盾ではない、という「弱い」レベルの主張である。

『純粋理性批判』の「第三アンチノミー」は、こうした色合いが強いが、やがてカントはそれでは自由固有の重みをとらえ切らないことを悟った。自由の重みとは責任追及の重みであり、ここに自由に関する「責任論的解釈」が浮上してくる。自由が単なる理念でないのは、責任が単なる理念ではないことにほかならない。そして、責任追及とは道徳法則違反に関する責任追及であるから、自由と道徳法則とは等根源的であり、互いに補完的にしかとらえられないことに気づいたのである。

このことは、『実践理性批判』の冒頭近くにおいて高らかに宣言されている。

> 自由は確かに道徳法則の存在根拠（ratio essendi）であるが、また道徳法則は自由の認識根拠（ratio cognescendi）である。もしわれわれの理性において、道徳法則が自由に先立って明確に考えられていないとしたら、われわれは自由なるものを（たとえ自由が自己矛盾を含まないにせよ）想定する権利がわれわれにあるなどと思いはしないだろう。しかし、また自由が存在しないとしたら、道徳法則はわれわれのうちにけっして見いだされないであろう。（実　一八）

一方で、われわれは「存在」においては、自由から道徳法則に進むほかない。自由が存在しなければ、道徳法則は存在しえないからである。だが他方、「認識」においては、われわれは道徳法則から自由に進むほかない。自由を直接認識することはできず、われわれは自由を道徳法則の認識を通じて認識する以外ない。行為者がそのとき道徳法則を知りながらそれを無視してそれに反することをなしたという認識、すなわち彼はそのとき「自由であった」という認識を通じてしか、自由の存在をとらえることはできないのである。

このようにとらえられた自由は「実践的自由」と呼ばれる。

> 実践的意味における自由とは、意思が感性の衝動による強制に依存しないということである。（B五六二）

現実の行為における意思＝選択意志（Willkür）は、もっぱら「感性の衝動による強制」によって生ずる。すなわち、「幸福の原理」を動機とするものである。しかし、実践的自由はこの強制に「依存しない」のだから、これは現に生起する行為の意思ではなく、生起すべき行為の意思である。よって、実践的自由は次のように言いかえられる。

というのは、実践的自由は、たとえあることが生起しなかったにせよ、当然生起すべきであることと、したがって、現象におけるこの生起の原因は決定的ではなかったことを前提し、さらにあのような自然の諸原因に依存せずに、それらの威力や影響に逆らってもあることを産出するような一つの因果性が、われわれの意思ではないところに存することを前提しているからである。（B五六二）

1　責任論的解釈

ある男が偽証したとしよう。だが同時に、彼は実践的意味において自由であった。彼は理性の命令によって偽証すべきでないことを知っていたのだから、偽証しない自由があった。よって、彼は単に偽証をひき起こしたばかりでなく、「偽証すべきでなかったのに、偽証した」という意味を含んだ行為をひき起こしたのである。

これによってわかるように、実践的自由とは「生起しなかったが生起すべきであった」行為に関して、行為者の責任を追及する態度を中心にして成立している。

かつて、私はカントの自由による因果性を一貫して「責任」という観点（のみ）から解釈しようと試みていた（「超越論的自由と実践的自由」『時間と自由』講談社学術文庫、所収、『時間論』ちくま学芸文庫、『後悔と自責の哲学』河出書房新社など）。

それは、一応整合的解釈として成立しうるが、それだけで自由をとらえていることになるのであろうか？　自由な行為とは、自由であった行為にほかならないのであろうか？　「～すべき」行為とは「～すべきであった」行為にほかならないのか？　それだけでは「責任を課する」ことを整合的に説明するためのよくできた説明方式にすぎないのではないだろうか？

理性の事実

本節の冒頭に掲げた文章が示しているように、カントは『純粋理性批判』のアンチノミーにおけるテーゼの立場における理念としての自由では充分ではなく、その後、自由の独特の実在性を論証しようとした。いわゆる自由の超越論的演繹の試みである。彼自身認めているように、それは成功しなかったが、その代わりに彼が『実践理性批判』において持ち出したのは「理性の事実（Faktum der Vernunft）」という概念である。

> この根本法則（道徳法則）の意識を理性の事実と名づけることができる。（中略）われわれは（中略）この法則は、経験的事実ではなく、純粋理性の唯一の事実であって、純粋理性はこれを通して

みずからを根源的に立法的である（私はこのように欲し、このように命じる）と告知することに注目しなければならない。（実　三六〜三七）

確かに、自由を単なる「理念」ではなく、「理性の事実」と言いかえることによって、行為を実現しようとするとき、私は「あたかも道徳法則に適うような行為を選べたであろう」と記述される状態から、「現に道徳法則を意識していた」と記述される状態に変わる。とはいえ、この意識は経験的意識ではないのであるから、直接確認する術はなく、ただ責任を課するという根源的事実に依存する事実にすぎないとも言えよう。とすると、やはり、責任を課することを正当化するための一つの仮説の域を出ないことになろう。

自由の実在性をいかにしてでも演繹したいというカントの渇望にもかかわらず、責任論的解釈に留まる限り、自由による因果性は単なる理念であっても一向に構わない。なぜなら、過去の行為の責任追及に限定すれば、過去のあるときに現象界で実現された行為は一通りであって、まさにそのとき「実現されるべきであった行為」は、その行為に付与された意味にすぎず、現象界においてはまったく生起しなかったのだから、現実の行為が自然因果性において自然諸原因によってひき起こされたことと矛盾なく成立しうるからである。

むしろ、実践的自由は照準を責任追及に限定するがゆえに、超越論的自由以上に理念的な性格、すなわちわれわれの責任追及行為を合理化するための仮説であるという性格を濃厚に有してしまう。

重要なことは、自由が理念か事実（実在）かという差異ではない。むしろ、過去における自由かそれとも現在における自由かという差異なのである。自由を過去における自由に限定してしまうとき、それは自由を認識の対象に限定することにほかならない。だが、自由であることは認識に限定されない。それは、まさに各人が存在していることに不可分にかかわる存在論的問題なのである。はたして、いま現に生起している行為から完全に眼を逸らせた自由論は、健全な自由論なのであろうか？　責任という観点からのみの、行為の事後的説明という観点だけからの自由による因果性の解釈は、自由の最も根源的な意味をとらえそこなっているのではないだろうか？

こうした疑問に新たな答えを与えてくれるのが『純粋理性批判』（一七八一年）「第三アンチノミー」第九節「これら四個の宇宙論的理念に関して理性の統整的原理を経験的に使用することについて」のⅢ「世界の出来事をその原因からする場合におけるこうした導出の全体性に関する宇宙論的理念の解決」（以下、短縮して「宇宙論的理念の解決」と呼ぶ）の箇所である。そこで、カントは「第三アンチノミー」のテーゼの主張をはるかに超えて、自由について粘り強い思索を展開している。そこには、「責任論的解釈」に限定されることのない（責任論的解釈をその一部とする）自由に関する大胆であってかつ精緻な思索が見られる。

カントはのちに『人倫の形而上学への基礎づけ』（一七八五年）や『実践理性批判』（一七八八年）において、自由論を発展させているが、その原型はほとんどこの「宇宙論的理念の解決」のうちに見られる。しかも、『人倫の形而上学への基礎づけ』において提起され、『実践理性批判』において新たに手がけた自由の「演繹」（すなわち先に見た道徳法則の存在根拠としての自由や「理性の事実」など）は、「自由の実在性」を論証したいという意欲だけが汲み取れて、論証自体は空回りしている感を免れないが、これらに比べて、「宇宙論的理念の解決」は、論述は荒削りであるが、自由に関する多角的で柔軟な思索が豊かに展開され、さらにそれらを統一しようとの強烈な熱意もある。

とくに注目に値することだが、そこでカントは行為の責任追及を可能にするという近代法的・認識論的観点ではなく、はるかに形而上学的かつ存在論的構想を抱いている。すなわち、可想界と現象界とを「繫ぐ」因果性を導入しているのである。

これを、現象界を支配する「横の」自然因果性に対して、自由による因果性を可想界（実在界）から現象界への「縦の」因果性として積極的に解釈するという意味で、「実在論的解釈」と呼ぶことにしよう。責任論的解釈が、こうした「不合理な」因果関係を単に説明のための道具（操作概念）として承認するに留まるのに対して、実在論的解釈はこれを真正面から実在的作用としてとらえようとしているからである。

本章では、「宇宙論的理念の解決」を正確に読み解いていく。そのさい、第一に、そのうち責任論的解釈が妥当する箇所を抜き出し、その解釈のアウトラインを再確認し、そこに湧き出てくるアポリアを指摘する（第1節）。第二に、実在論的解釈がこのアポリアを解決する能力があるか否かを吟味する（第2節）。そして、第三に、時間と自由に関する新たな解釈を提示する（第3節）。

自然因果性とは何か？

「自由による因果性」の具体的検討に入る前に、カントは「自然因果性（Naturkausalität）」とは何か、あらためて確認している。

もし可感界におけるあらゆる因果性がただ自然〔因果性〕だけだとしたら、どんな事象も他の事象によって時間において必然的法則に従って規定されているであろうことは、容易に見て取れる。（B　五六二）

「時間において必然的法則に従って規定されている」とは、古典力学（ニュートン力学）における決定論的自然観に呼応するものである。だが、じつはここに大きな問題が横たわっている。古典力学において、物体の運動は無限の空間の点、無限の時間の点をたどるという了解がある。しかし、因果法則は、無限の点のあいだでは生じようがない。因果関係とは、〔原因としての〕ある物理状態（Z_1）がそれとは区別された〔結果としての〕別の物理状態（Z_2）を「ひき起こす（verursachen）」ということなのだから、無限の時点においては「ある時点」の「次の時点」がないゆえに、そのままでは因果的語り方は破綻する。無限の点からなる時空を認めつつ、因果関係を認めるには、適当に小さな有限のΔt_1およびΔr_1における物理状態ΔZ_1と、適当に小さなΔt_2およびΔr_2における物理状態ΔZ_2のあいだの関係を求めるほかない。

これに関しては、M・ダメットの解答ほど整合的で説得的なものはないように思う（M. Dummett, "Can an Effect Precede its Cause?", in *Truth and Other Enigmas*, Gerald Duckworth & Company Limited, 1978, pp. 319–32, 邦訳「結果はその原因に先立ち得るか」『真理という謎』勁草書房、所収）。ダメットは問う。古典力学の世界像を維持したまま自然因果性を認めるにはどうしたらいいか？　自然の変化は連続的であるが、因果律とは「原因としてのAが結果としてのBをひき起こす」というように、原因と結果とを分離させたうえで両者と繋がらねばならない。ダメットは、これは次の諸要求を充たすことによって可能だという。お決まりの球突きの球の例で考えてみよう。

球Aは球Bに、球Bは球Cにというふうに次々に衝突して、球Kが一定の運動のすえ穴に入ったとしよう。この場合、(1)衝突において運動量は球から球へと一瞬のうちに（ゼロ時間）伝達される。よって、静止している球は衝突の瞬間すでに運動を始めているのでなければならない。(2)衝突から衝突のあいだの球の運動は等速直線運動し、そのあいだ因果関係は成立していない。(3)以上の(1)と(2)から、衝突によって動き出した球が次の球に衝突するまでの時間間隔を次第に短くしていけば、連続的運動は一定の微小時間Δtに等速直線運動する球の運動の有限集合として近似が得られるであろう。

球Kが「どのような運動量」を球Jから伝達されるか、また球Kの質量はすでに測定されているのだから K は「どのような速度」で運動を始めるのか、そしていつ穴に入るのか、完全に決定されているというわけである。カントの自然因果性の概念は、この球突きのモデルの枠内に収まる。また、この球突きモデルは、一度限りの現象ではなく、類似の現象間の類似の因果関係を含意している（規則説）。つまり、まず多様な自然現象を類似の物体（同一の質量を有する球）のさまざまな運動状態（運動量）へと記述し直して、そう記述された物体間に規則的な因果関係が成立しているとみなされるのである。

これはヒュームにおいては明晰であり、彼はさまざまな個々の現象間の因果律を問うている。だが、『純粋理性批判』の「原則論」において、カントはむしろΔt_1における全自然状態がΔt_2における全自然状態をひき起こすという因果律を考えている。この場合、同一の規則が繰り返し成立するという視点は消えて、むしろライプニッツの提唱する「充足理由律」のように、一度限りの世界進行には充分な原因が必要である、という形而上学に近づいてしまう。言いかえれば、因果関係とは時間的先後関係にほかならず、因果関係の必然性とは時間的に先である全自然状態と時間的に後である全自然状態の順序がいつも必然的であること、すなわち両者が交換不可能であることにほかならなくなってしまうのだ。

これらを確認して、ふたたび「第三アンチノミー」を見てみると、テーゼもアンチテーゼも自然因果性を承認しているが、カテゴリーとしての因果性とはあらゆる具体的な自然における因果関係を一般的に可能にする形式なのであるから、その要をなしているのは「すべての自然現象には何らかの原因がなければならない」ということだけであり、言いかえれば「原因のないような自然現象はない」ということだけである。

そして、テーゼはこれに重ねて「それに原因がない（すなわちそれが第一原因であるような）事象」を認めるわけである。その場合、テーゼは、自然因果性とは別に「自由による因果性」という新たな因果性を導入して、あらゆる自然現象は、一方で、自然因果性における原因を有するが、他方、自由による因果性において第一原因になりうる、と主張する。

だが、はたして全自然が完全に自然因果性によって規定されていながら、そこに同時に自由を認める余地があるのだろうか？　テーゼは、前者と後者とは「互いに干渉しない」と主張するが、互いに無関係である両者が「どのように」われわれの具体的行為に関係してくるのか、ここには容易に解けない結び目が存している。

「べし」の世界

カントによると、自然因果性に支配されている自然とは、球突きの球の運動が示すような決定論的世界である。そのうえで、カント（テーゼ）は、われわれはいかにしてこの決定論的自然観と両立するような（矛盾しない）形で「自由」を認めることができるのか、と問う。

「宇宙論的理念の解決」において、カントは、納得できる解答を求めて複数の錯綜した構図の中をさまようように見える。そのうち、最も単純明確な解答は、自然とは異なった、しかも自然と対等の、いやそれ以上の、もう一つの世界を認めることである。

これは、可想界と可感界（現象界）という旧来の二世界論の構図に完全にもたれかかるものであり、人間という理性的存在者には、自然因果性が支配する「〜である」世界に加えて、自由による因果性が支配する「～べきである」世界が開かれている。

> 「べし」は、全自然にはもともと登場してこないある種の必然性と諸根拠同士の結合を表している。悟性は、全自然について何が存在しているか、存在していたか、存在するだろうか、だけを認識しうる。（B　五七五）

いかなる人間行為も、ある時に、ある場所で、ある身体において、生起したのであり、その限り自然現象にほかならない。ある男が真実を語ると身の危険があることを悟って偽証したとしよう。そのさいの身体状態（脳状態）や心理状態は自然現象としてはただそう〈ある〉だけであり、それらすべてはそれ以前の複合的自然原因によってひき起こされた結果とみなすことができる。

自然は〈べし〉の支配する世界には足を踏み入れることができない。自然に百五十億年の歴史があろうと、五十億光年の広がりがあろうと、それはしょせん「～である」という文法の支配する世界である。

よって、われわれは「（現に）存在したこと」を完全に承認したうえで、これとは独立に「存在すべきであったこと」をも認めることができる。現に生起した偽証とは独立に、偽証を悪とみなし、偽証した者を「偽証すべきでなかった」と非難することができるのである。

> この「べし」は、ある可能的行為を表し、その可能的行為の根拠はただの概念にほかならない。これに対して、単なる自然的行為の根拠は常に現象でなければならない。ところで、この「べし」が行為に向けられている場合も、この行為は自然的諸条件のもとに可能でなければならない。しかし、こうした自然的諸条件は意思の規定そのものには関与せず、意思の規定の現象における結果と成果だけに関与する。（B　五七五～五七六）

可能的行為と自然的行為の根拠が、それぞれ「概念」と「現象」であるということは、重要である。後者は客観的時間の客観的場所において諸現象との具体的な因果連関のもとに生起した現実的現象であるが、前者は「いつ・どこで・どのようにして」生起したかを決定できる現象ではない。それは、現象において現実的行為（偽証）が成立するときに、いわば反射的に成立する「偽証すべきでないから偽証しない」という可能的行為である。

これはまさに「概念」すなわち「偽証しない」という言葉の意味として存在するにすぎない。もともと単なる概念として存在するにすぎない「偽証しない」が「偽証する」という現実的行為の生起とともに、反射的に可能的行為という身分を得るのである。

ここまでは、典型的な二世界論であり、「べし」の世界は「ある」の世界と並ぶもう一つの意味世界にすぎない。

しかし、この次にカントは突如、実在論的色彩が濃厚な文章に移っていく。つまり、「べし」は自然的行為に「向けられている」が、逆に自然的行為を条件づける「自然的諸条件」すなわち自然因果性は「意思の規定そのものには関与」しないのだ。カントはこう語ることによって間接的に、「べし」すなわち可想的原因のほうは現象に関与すると言っていることになる。これに続く箇所で、カントはさらに明確に可想的原因の現象への実在的関与を認めている。

私を「欲する」に至らせる自然的根拠がいかに多くあろうとも、感性的刺激がどれほど多くあろうとも、これらは「べし」を産み出すことはできず、必然的な「欲する」どころか、常に条件づけられた「欲する」を産み出すことができるにすぎない。こうした「欲する」に、理性が命ずる「べし」は、節度と目標、さらには禁止と名声をも対置させる。（B　五七六）

とりわけ、最後の文章に注目しなければならない。われわれ人間は現象界においてある行為を実現するさいに「条件づけられた『欲する』」を有するわけであるが、まさにこれに「理性が命ずる『べし』は、節度と目標、さらには禁止と名声をも対置させる」のである。

生起しなかった行為の必然性

以上見てきたように、自由による因果性の責任論的解釈の要点はこうである。

理性という可想的原因が「偽証すべきでない」という命令を下したにもかかわらず、現実には偽証行為という結果が生起したのだから、この行為は確かに自然因果性によってひき起こされたのだが、同時に、「偽証すべきでない」という原因によって「偽証すべきでなかったのに偽証した」という新たな意味を担うことになる。この意味は自然因果性によってひき起こされたのではなく、それから独立の自由による因果性によってひき起こされたのである。

以上の語り方は「実践理性の優位」を考慮すると、正確ではない。「われわれにとって」は、つまり有限の理性的存在者の認識にとってはこの通りである。しかし、「事柄自体からすると」、つまり存在論的秩序（＝順序）からすると、こうではない。むしろ、まず理性はあらゆる行為の局面で「～すべきである」あるいは「～すべきでない」という命令を下す。しかし、その命令を意識しているにもかかわらず、行為者は自然因果性に流されて、その命令に背いた行為を実現してしまう。

認識論的には、偽証行為の事後にその行為は「偽証すべきでないのに偽証した」という新たな意味を獲得するのだが、存在論的には、「偽証すべきでない」という行為は、はじめから可想界における実在的な行為なのだが、現象界において、ある行為者が自然因果性に従って偽証行為を実現することをもって、新たに実在的行為は「偽証すべきでないのに偽証した」という意味を獲得するのである。

そして、理性は生起しなかった行為あるいはおそらく生起しないであろう行為さえも、理念に従って必然的であると言明する。（B　五七六）

こうして、責任論的解釈によると、自然因果性と自由による因果性とは完全に独立な因果系列を形成する。自由による因果性は「偽証すべきでないのに偽証した」という結果をひき起こした因果関係であり、自然因果性は偽証行為それ自体をひき起こした因果関係である。偽証という一つの結果に対してわれわれは二つの異なった原因に関係づけることによって、異なった二つの意味を与えることができる。第一に、「偽証すべきでなかった」という意味を、そして第二に、「偽証した」という意味を。

因果関係とは原因と結果とのあいだの必然的な関係なのだから、自然因果性と並んで、自由による因果性における原因と結果との関係も必然的である。現象界においては、偽証行為は自然因果性によって必然的にひき起こされたのであるが、可想界においては「偽証すべきでない」という原因によって（現象界で生起しなかった）「偽証しない」という結果が必然的にひき起こされるのである。

しかし、われわれが（現象界で実現された諸行為と）同じこうした諸行為を、その根源から説明するような思弁的理性に関してではなく、理性がみずからそれらを産出する原因である限りにおいて、理性に関して考察するならば、ひとことで言えば、これらの諸行為を実践的観点における理性と比較するならば、自然秩序とはまったく異なった規則と秩序を見いだす。というのは、そこにおいては、自然の経過に従って生起したものとその経験的諸根拠に従って必然的に生起せざるをえなかったものは、すべて生起しなかったかもしれないはずだからである。（B　五七八）

自由による因果性は「〜すべきである」ことを命じる理性という原因とそれにかなった「〜すべきである」諸行為という結果に至る因果性なのであり、この視点から見れば、自然因果性とは「自然の経過に従って生起したものとその経験的諸根拠に従って必然的に生起せざるをえなかったものは、すべて生起しなかったかもしれないはず」の諸行為、すなわち「〜すべきでなかった」諸行為なのである。

こうして、自然因果性によって決定論的に支配されている「〜である」という世界と道徳法則の支配する「〜べきである」という世界という完全に互いから独立の二世界が存在することになる。その場合、同一の行為結果が両世界との関係によって矛盾なく二つの意味を帯びるという解釈（責任論的解釈）が成立する。

そうすると、「〜であるべき」世界は「〜である」世界にまったく影響を及ぼさないことになり、両世界はまったく関係のない二世界に留まってしまう。いかに「現象の系列の外」からの可想的原因が「偽証すべきでない」ことを命じ、その結果として可想界において繰り返し「偽証しない」という可想的行為をひき起こすとしても、現象界における「〜である」世界には何の影響も及ぼさず何の痕跡も残さないことになってしまう。

はたして、これでいいのだろうか？　自由による因果性とはその原因が現実の行為結果に何の作用も及ぼさない因果性なのだろうか？　それはそもそも「因果性」という概念に反するのではないか？　因果性とは、単なる事後的な解釈なのではなく、まさに行為結果を「ひき起こす」あるいは「産み出す」能動的な作用なのであるから。

なお、以上の考察によってわかるように、自由による因果性の原因と自然因果性の原因が異なることは明らかだが、じつのところその結果も二重の意味を持っている。

㈠可想界において「偽証しない」という可想的行為（可能的行為）

㈡現象界において「偽証する」という現象的行為（自然的行為）

現実の行為は「偽証する」という唯一の行為である。だが、これに可想界における「偽証しない」という可想的行為が重ねられる。だが、両者の行為は互いにまったく独立なのだ。行為者は、可感界（現象界）においては、確かに偽証したのだが、可想界では偽証しないことになる。責任論的解釈と二世界論を結びつけると、ここで行き止まりである。だが、はたしてこれでわれわれは「自由の実在性」を理解したことになるのであろうか？

行為者を非難する理由

しばらくあとに具体的な叙述があるので、これにそってさらに考えてみよう。

行為が以上のこと〔行為者を悪行に至らしめたさまざまな自然因果性〕によって規定されていると

みなすとはいえ、それにもかかわらずわれわれは行為者を非難する。（中略）というのは、行為者の以前の行状がどうであろうと、それを度外視でき、過ぎ去った諸条件の系列を生じなかったものとみなすことができ、当該の行為を、あたかも行為者が行為の諸結果の系列をまったく新たにみずから始めるかのように、以前の状態についてはまったく無条件的とみなせることを前提しているからである。（B　五八三）

この部分は責任論的解釈に最も強固な論拠を提供している。すべては、行為者を非難するわれわれの態度を正当化する一点に懸っていることがわかるであろう。われわれは自然因果性によってある行為（偽証）がひき起こされたことを完全に受け容れ、かつその行為の主体に責任を課す。

そのためには「行為者の以前の行状がどうあろうと、それを度外視でき、過ぎ去った諸条件の系列を生じなかったものとみなすことができ、当該の行為を、あたかも行為者が行為の諸結果の系列をまったく新たにみずから始めるかのように」みなせるのでなければならない。

こうした非難は理性の法則に基づくが、その場合、われわれは理性を、上に述べたあらゆる経験的条件に関わりなく、その人間のふるまいを実際とは異なって規定できたはずであり、規定すべきであったような一原因とみなすのである。（B　五八三）

ある行為（偽証）は、自然因果性の諸原因との関係においては自然現象なのであるが、それとは独立に、自由による因果性の原因（理性）との関係においては、「偽証すべきでないのに偽証した」という意味をまとった行為なのである。すなわち、理性という原因は、偽証という行為の実現を完全に自然因果性に委ね、それを思い留まらせるいかなる力も持たず、ただ、当該行為者に責任を課すことができるような意味を、実現された行為に与えることができるだけなのだ。

これに続く箇所では、二世界論はわずかに揺らぎ、可想界における原因としての理性と現象界における結果としての自然行為（偽証）との消極的関係が語られている。

しかも、われわれは理性の因果性を、感性的動機が理性の因果性にまったく賛成しないどころかまったく反対するとしても、単に感性的動機と攻め合うものとしてではなく、それ自体完全なもののとみなす。こうして、行為は行為者の可想的性格に帰せられ、彼は嘘をつく瞬間に罪を完全に負う。（B　五八三）

自由による因果性（可想的因果性）の原因である理性は、なるほど「それ自体完全なもの」であるが、「感性的動機が理性の因果性にまったく賛成しないどころかまったく反対するとしても、単に感性的動機と攻め合うものとしてではな」い。この原因（理性）は、「幸福の原理」に基づく感性的動機にはいささかも影響されずにみずからの作用を行使する。なぜなら、自由による因果性とは、自然因果性とはまったく交叉することのない「偽証すべきでない」という原因と「偽証しない」という結果とのあいだの因果関係だからである（「可想的性格」については次節で詳論する）。

しかし、可想界と現象界は、じつは互いにまったく独立なのではない。確かに、理性の命令とその命令に従う行為（可想的行為）との因果関係は、現象界から独立の（先の引用箇所の言葉を使えば）「理性の法則」である。しかし、その結果が（三段論法のように）単に結果という「概念」ではなく、独特の「行為」であるためには、結果を現象的行為に重ね合わせなければならない。

すなわち、可想的因果性は、なるほどそれ自体としては「概念」にすぎないが、とはいえ単なる推論式ではなく「因果性」という身分を持つためには、現象界において現象的行為（偽証）が生起するのでなければならない。そして、その現象的行為に重ね合わせて、「偽証すべきでないのに偽証した」という意味を形成し、「偽証すべきでない」という理性の原因による「偽証しない」という可想的行為の結果が出現する。

よって、彼は「嘘をつく」ことを思考した・想像した・願望したがゆえにではなく、現に意志し行為したがゆえに、責任を負う。すなわち「彼は嘘をつく瞬間に罪を完全に負う」のだ。

> よって、理性は行為に関する経験的条件にはかかわりなく、完全に自由であったのであり、その行為は完全に理性の不作為に帰されなければならない。（B　五八三）

偽証した者は、まずもって「～すべきである」世界の住人であるが、彼が「～すべきである」ことを知っているということは、とりもなおさずそれが（実践的意味において）「できる」ということである。よって、彼は「嘘をつく」という行為の瞬間に、「嘘をつかない」という現に生起しなかった行為を「選べたはず」だという意味で「完全に自由であった」のだ。

なお、「理性の不作為」とは誤解を産む表現である。むしろ理性が「嘘をつくべきでない」と命じていたにもかかわらず、行為者はこの命令を受けとめなかったのだから、ここに成立しているのは理性自身の不作為ではなく、特定の理性的存在者の不作為であり、それゆえ、彼は責任を負うのである。

互いに完全に独立な二世界論

このあとしばらくして、カントは自然因果性と自由による因果性が互いにまったく独立であることを再確認している。

もしわれわれが、行為者のこれまでの行状を度外視して、「行為者は嘘をつかずに済ませえただろう」と言うならば、それは彼の行為が直接理性の支配下にあるという意味にはかならない。そして、理性はその因果性において、現象と時間経過との諸条件には従わない。（B　五八四）

「偽証すべきでない」という原因は時間的条件のもとにはなく（永遠の真理であるから）、よってこの原因によってひき起こされる「偽証しない」という可能的行為の結果も時間的条件のもとにはない。「自由による因果性」を責任論的に解釈することは、結果としては「何も生起しなかった行為」の原因としての意志を認めることである。そして、このすべては行為が実現されたあとにのみ判定されるのだ。

あらためて責任論的解釈の構図をまとめてみよう。

ある男がわが身を守るために偽証をした。その行為は遺伝子や幼児体験や体質や気質や身を守るためならどんな嘘でもつくという彼の弱く邪悪な性格、あるいはそのときの彼の体調や気分や他人の態度など、きわめて複雑であるがことごとく自然原因によってひき起こされたとみなされる。

だが、だからといって、彼の行為は道徳的に非難されないわけではない。彼は、理性的存在者である限り、どんなに身の危険があろうと、偽証しないことも「できた」はずだからである。こうして、自然因果性によって完全に規定（決定）された行為Hについて、「Hをしないこともできたはずであるがゆえに」彼は責任を負う。

彼が偽証するように自然必然的に決定されていたなら、彼に責任を問うことはできない。彼に責任を問うことができるためには、彼は「偽証する」ことも「偽証しない」ことも選べたという意味で「自由であった」のでなければならない。だが、そのことは認識できないゆえに、彼に責任を問うためには、彼がそのとき「自由であった」と想定して矛盾がなければ充分なわけである。こうして、責任論的解釈はすべてわれわれが「責任を問う」という根源的事実を説明するためだけに成立しており、責任論的解釈による自由による因果性とは、自然因果性と矛盾しないかたちで、行為者がそのとき「あたかも自由であったかのような」理念として提示できればいいわけである。

こうした考えは、『人倫の形而上学への基礎づけ』の次の箇所に明確に表現されている。


悟性界〔可想界〕という概念は、理性が自分自身を実践的と考えるために、現象の「そと」に取ることを余儀なくされた一つの立場にすぎない。（基　一六七）

責任論的解釈によると、自然因果性の支配する「〜である世界」と自由による因果性の支配する「〜であるべき世界」とは互いにまったく干渉し合うことなく併存しうる。ここに、いわゆる二世界論が、形而上学的装いを脱ぎ捨てて、いわば「意味論的二世界論」として新たな衣装をまとって復活している。

しかし、ここに根源的な疑問が湧いてくる。実践理性が理論理性より実在性において優先するとしたら、なぜそれにもかかわらず実践理性は彼が自己愛に駆り立てられて偽証に至ることを阻止できないのであろうか？　理性は自己愛に基づく諸動機をそれほど軽蔑していながら、なぜこれらの動機に勝てないのであろうか？

視点を変えれば、なぜ理性的存在者としてのわれわれ人間は、絶対的な理性の威力を知っていながら、それに背き、さまざまな相貌を持った自己愛によって駆りたてられた行為を実現してしまうので

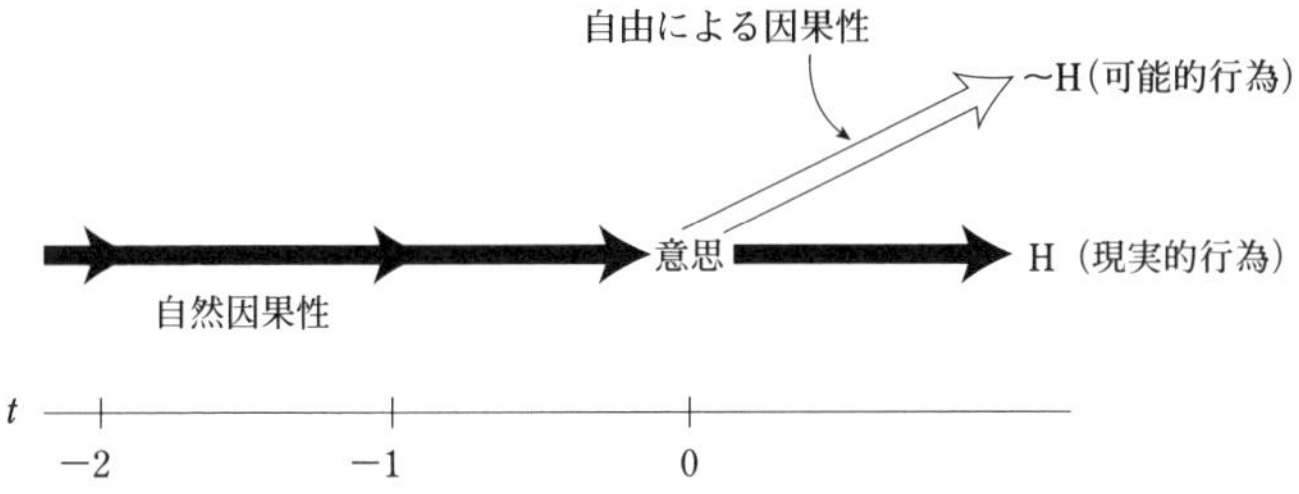

図1 超越論的自由

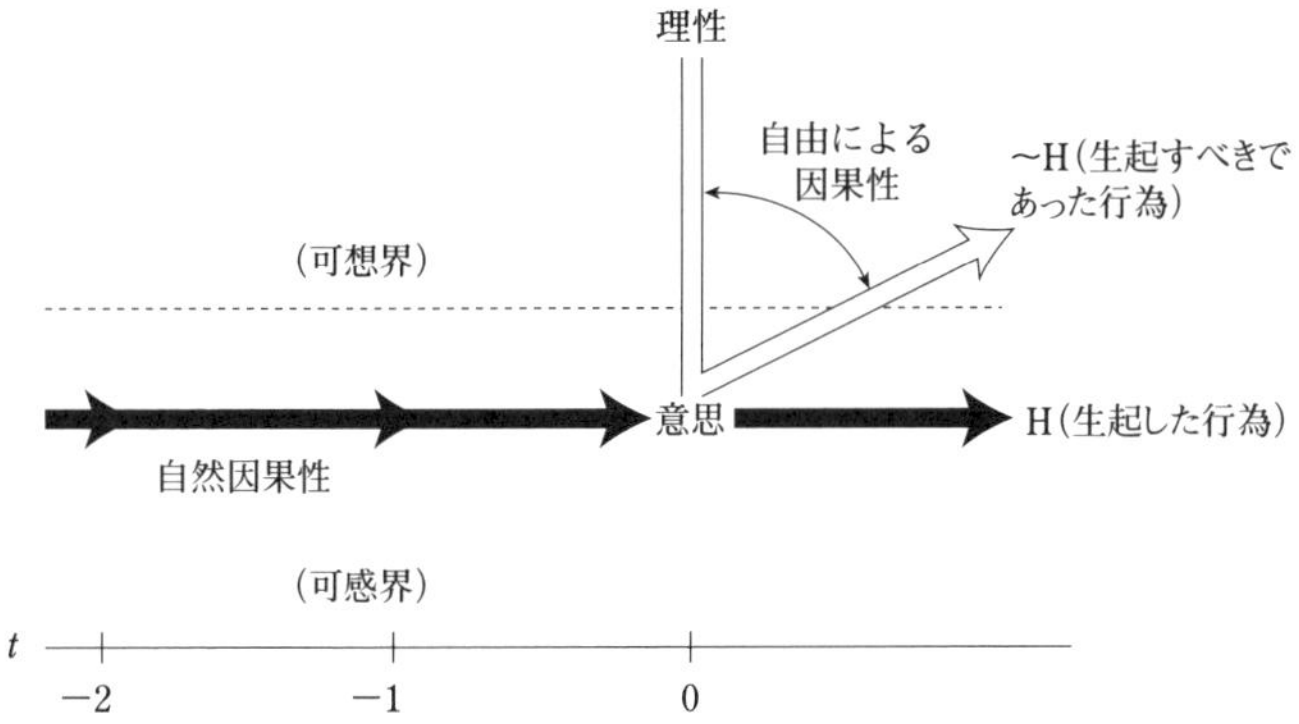

図2 実践的自由

あろうか？

　このような疑問に責任論的解釈は答えてくれない。それは、自由による因果性から実在的な力を完全に除去してしまい、その結果、原因としての理性は現実の行為にいかなる実在的な作用をも及ぼしえない奇妙な「原因」になってしまうのだ。

　最後に、責任論的解釈に基づいて超越論的自由と実践的自由を図で示してみると図1・図2のようになる（一一九頁）。

2　実在論的解釈

可想界から現象界への実在的な関係

　前節では、「第三アンチノミー」に関する「宇宙論的理念の解決」において、「〜である」世界と「〜すべきである」世界という互いに独立の二世界論がうまく適用できる部分を拾い出して「自由による因果性」を、責任論を軸に解釈してみた。

　だが、右の「宇宙論的理念の解決」において、そう解釈できるところは圧倒的に少なく、そのほとんどの部分をカントは「可想界から現象界への因果性がいかにして可能か」という問題設定のもとに議論を展開している。原因が可想界にあり結果が現象界にあるということがいかにして可能か、という問いに答えることに全精力を傾けているのである。

可想界と現象界とを独立の二世界とみなすのではなく、（たとえわれわれに認識されなくとも）前者から後者への具体的作用を考えているのだ。自由が単なる理念ではなくて実在するのなら、この可想的因果性（自由による因果性）も実在的でなければならず、矛盾なく想定できるに留まらず、現象界におけるわれわれの具体的行為に実在的な作用を及ぼすものでなければならない。

可想界と現象界という二世界は、「～である」と「～べきである」という二つの意味世界のように、互いにまったく独立の世界なのではなくて、（たとえわれわれに認識できなくとも）前者から後者へと実在的に関係するような二世界論なのである。

自由による因果性のこうした解釈を「責任論的解釈」に対比して「実在論的解釈」と呼ぶと、後者は前者と同じレベルで対立するのではなくて、前者を含むより包括的なレベルで成立している。

責任論的解釈が事後的に対象化された行為の説明に限定されるのに対して、実在論的解釈は、まさに行為が実現されるそのときに照準を合わせる。われわれが行為に出るとき、われわれには認識できない可想的原因が作用し、われわれは根源的に「自由である」。そして、その同じ行為を事後的に「自由であった」行為として対象化すると、それは自然因果性によって完全に決定されていたものとして認識されるのである。

「宇宙論的理念の解決」において、カント自身、責任論的解釈と実在論的解釈とを明晰に分別していない。「自由である」行為と「自由であった」行為との区別もあいまいである。カントはむしろすべてを融合させすべてを重ね合わせて説明しているので、論述は煩瑣になり「悪しき形而上学」という外観を伴っている。

そうした煩雑な外見を貫いて、カントが可想界と現象界という本来まったく独立とも思われる二世界をどうにかして「繫ごう」としていること（すなわち、みずから批判哲学の枠組を取り払おうと奮闘していること）が窺えるのである。

同一の出来事における二重の因果関係の成立

「実在論的解釈」は「宇宙論的理念の解決」を貫くものであるが、比較的整理された記述は、はじめから五ページほど進んだところに出てくる。

したがって、可想的原因はその因果性とともに〔現象の〕系列の「そと」にある。しかし、その結果は経験的諸条件の系列の「うち」に見いだされる。（B　五六五）

われわれは現象における同一の出来事を、一方では自然因果性の結果であり、他方では自由による因果性の結果とみなすことができる。なぜなら、自然因果性の原因はそれ自体現象の「うち」にあるが、自由による因果性の原因である可想的原因は現象の「そと」にあり、互いに交わることなく現象において一つの結果をひき起こすことができるからである。

したがって、この結果は、その可想的原因に関しては自由とみなされうるが、同時に現象に関しては自然必然性に従って現象から生じた結果とみなされうる。（B　五六五）

以上のことは、具体的には自由な行為の場面で生ずる。ある行為が生起するとき、それは一方で、理性だけに規定された自由意志の結果とみなすこともでき、他方で、行為者自身あるいは行為者の状況に属するさまざまな現象としての諸原因から生じたものとみなすこともできる。

なお、「宇宙論的理念の解決」には途中「小見出し」のような標題が時折挟まれているが、このしばらくあとにも、「自然必然性の普遍的法則と一致する自由による因果性の可能性」という標題が挟まれ、その二番目に次のような文章がある。

よって、可想界において現象とみなされねばならないものが、それ自体として感性的直観の対象になりえないような能力をも持ち、この能力によって現象の原因となりうるならば、こうした存在者（Wesen）の因果性は二つの側面から考察されうる。すなわち、物自体の作用に従うならば可想的であり、その作用の結果が可感界における現象に従うならば感性的である。（B　五六六）

「こうした存在者」とは理性的存在者にほかならない。行為者が理性的存在者である限り、結果としてのその行為が時間空間のうちに〈いつか・どこか〉で起こったと確定できる現象であり、それは一方で現象界に原因を求めることができるとしても、他方、これとは独立に理性だけに規定された可想的原因を持つ。

ここに、可想界＝物自体と可感界＝現象という二世界論が明確に描かれ、しかも両世界は互いにまったく独立ではなく理性的存在者の実現する行為のうちで統一されていることが示されている。

「性格」というディスポジション？

これからしばらく、論述は「性格（Charakter）」をめぐって展開される。ここで注意すべきことは、行為の因果性において、カントはただリニアな原因系列のみを考えているのではなく、「性格」という特有の原因を考慮していることである。

まず第一に、われわれは可感界の主観に経験的性格を認めることができるであろう。この性格によって、主観の諸行為は諸現象として、恒常的な自然法則に従って、他の諸現象と徹底的に連関するであろう。そして、主観の諸行為を条件づける諸現象から、〔因果的に〕導出されうるであろう。そして、〔原因としての〕これらの諸条件と結合して自然秩序の唯一の系列の〔結果としての〕諸項を形成するであろう。

第二に、この同じ主観に可想的性格を認めねばならないであろう、この性格によって、主観は諸現象としてのあれらの行為の原因ではあるが、それ自体は感性の条件のもとにはなく、それ自体は現象ではない。

また、第一の経験的性格を現象におけるこうした物の性格と名づけ、また第二の可想的性格を物自体の性格と名づけることができるであろう。（B　五六七）

「性格」という原因概念は、「能力（Vermögen）としての原因」、分析哲学者の言う「ディスポジション（disposition）」に近い概念である（例えば、次の文献を参照、G. Ryle, *The Concept of Mind*, Hutchinson, 1949, 邦訳『心の概念』みすず書房）。すなわち、ゴムの「弾性」や砂糖の「溶解性」のように、「引っ張ると延びる」あるいは「水に入れると溶解する」というように記述できるとき、そうした具体的条件を与えられていないときの可能的あり方を言う。これは、「原因」という概念と重なり合う。そのガラスのコップが床に落ちて割れたのは「割れやすい」というディスポジションのためであり、そのもみ殻が燃えたのは、乾燥した空気において「燃えやすい」というディスポジションのためである。

同じように、われわれは人間の知的・身体的能力や生理・心理状態をディスポジションとみなすことができる。彼があっという間にフランス語を習得したのは「語学の才能がある」からであり、彼女が社交ダンスをすぐに呑み込んだのは「筋がいい」からである。彼がしゃがみ込んでいるのは「疲れやすい」からであり、彼女がどなり散らしているのは「怒りっぽい」からである。

人間の行為は、その人の精神的・身体的条件からまったく独立に実現されるものではない。ある男XがYを路上で待ち伏せして刺殺したとき、彼は「Yを殺そうとの意志を持っていたから」だけでは、その行為を理解できない。さらに、Yに屈辱的な思いをさせられたから、Yに自分の大切な秘密を握られていたから、Yに殺されるのではないかと怯えていたから等々、行為の直接の動機が要求されるが、それらをいかに詳細に調べても、まだそれだけでは行為の生起を説明しえない。

なぜなら、「XではなくてAあるいはBなら、Yを殺さないであろうに」という単純な疑念がすぐに頭をもたげてくるからである。きわめて似た状況にあっても、大多数の者は殺人を犯さないことをわれわれは知っている。

カントは、個人によって差異のあるこうした通常の性格を「経験的性格」と呼んだうえで、もう一つのまったく別の「可想的性格」を認める。それは、すべての人間に、さらにすべての理性的存在者（その一部が人間である）に共通の性格であり、その意味の理性的存在者は、いかに現実には道徳的な善さに反した行為を実現しようと、本来は道徳法則を尊敬し理性の「〜べきである」という命令を聞き知っているのであり、その実現に向けることができる性格を有しているのである。そして、経験的性格は、原理的に自然因果性によって解明することが可能である。

> 外的諸現象がこの主観に影響を与えるように、彼の経験的性格、すなわち彼の因果性の法則は認識されうるであろう。よって、この主観のあらゆる行為は自然法則によって説明されねばならないだろうし、またその諸行為を完全かつ必然的に規定するために必要なあらゆるものは、可能な経験においてて見いだされねばならないだろう。（B　五六八）

人間の行為は、ある特定の行為主体「の」行為である。それは、その行為主体の「性格」の発現とみなされる。すべての人は、真空の中で、意志という作用が身体を動かして行為に出るのではなく、理性的存在者としての可想的性格と遺伝子・幼児体験・教育・他人との交際などさまざまな要因から形成された経験的性格を背景にして（これらを担って、これらを通して）具体的行為に出るのだ。

可想界と現象界とを繋ぐ因果性

経験的性格は、さしあたり常識にもかなっていて理解可能である。だが、可想的性格とはいったい何なのか？　まず注目されるのは、その無時間的性質である。

> そして、この主観がヌーメノン（noumenon）である限り、そこには何ものも生起しないし、また力学的な時間規定を必要とするいかなる変化も、よって諸原因である諸現象とのいかなる結びつきも見いだされないから、その限りこの活動的存在者（dieses tätige Wesen）は、その行為において、可感界においてのみ見いだされる限りの自然必然性からは、独立であり自由であろう。（B五六九）

可想的性格は、それぞれの理性的存在者「の」性格であり、時間的に実現される現実の行為の原因でありながら、それ自体は時間規定のうちにはない。それは常にはたらいていて、いかなる行為を実現しようと、それにかかわらず作用している。しかも、こうした可想的原因としての可想的性格は、時間規定のもとにある可感界（現象界）に実在的な作用を及ぼす。

以上の引用部分にすぐ続く次の箇所を正確に読み解くことが自然因果性と自由による因果性との関係を解明する鍵になるように思う。

可想的存在者については、次のように適切に言えよう、すなわちそれはその諸結果を可感界においておのずから始めるが、〔具体的な〕行為は可想的存在者自身のうちに始まるのではない、と。そして、このことは諸結果が可感界においてみずから始まりえないことによって、妥当とみなされるであろう。なぜなら、諸結果は可感界において、常に経験的条件によって、それよりも前の時間において、とはいえ経験的性格（これは可想的性格の現れにほかならない）を介してのみあらかじめ規定され、自然因果の系列の継続としてのみ可能だからである。（B　五六九）

ここにはなお二世界論の構図が残っているが、とはいえ可想界と可感界（現象界）は相互にまったく没交渉であるわけではない。その微妙な関係を次の文章が語っている。

可想的存在者は諸結果を可感界においてみずから始めるが、行為は可想的存在者自身のうちに始まるのではない。

前に見たところによると、可想的性格は可想的原因なのであった。原因は何らかの結果をひき起こさねば原因ではない。結果とは何か？　可感界（現象界）における具体的な行為である。しかし、可想界と可感界とを跳び越えて自然因果性が成立することはありえない。

一方で、可想的性格はなるほど「行為の」原因ではあるが、可想界ですでに行為が始まるわけではない。行為はあくまでも可感界で始まる。しかし他方で、可感界では、すべてが自然因果性に支配されているのだから、みずから始まる行為はない。あらゆる行為は自然的原因（現象）の結果である。

これは、いかなることか？　引用箇所の後半をもう一度抜書きしてみる。

諸結果は可感界において、常に経験的条件によって、それよりも前の時間において、とはいえ経験的性格（これは可想的性格の現れにほかならない）を介してのみあらかじめ規定され、自然因果の系列の継続としてのみ可能だからである。

この文章にはさまざまな解釈の可能性が開かれているが、ここでは（帰責に照準を限定した責任論的解釈をやめて）正面から実在論的解釈を試みてみよう。

2　実在論的解釈

可想界は物自体ともヌーメノンとも呼ばれるように「実在」であり、可感界はそれが「現象」したものである。可想界における可想的性格が可感界に現象すると、各人に固有の経験的性格となる。そして、あらゆる行為は、可想的性格によって直接ひき起こされるのではなく、経験的性格を「介してのみ」ひき起こされる。とはいえ、それぞれの経験的性格は可想的性格の現象形態なのだから、実現される行為は間接的に可想的性格という原因によっている。

行為が実現される現場においては、一方で、ヌーメノンとしての可想的性格が「現象する」（自由による因果性）が、他方、可感界（現象界）においては、特定の経験的性格を持った主体が、自然因果性に従ってそれ自身現象である諸原因によって行為をひき起こす。

こうして、自由と自然とはまさに同一の行為において、その行為を可想的原因と比べるか、それとも感性的原因と比べるかに応じて、その語の完全な意味において、同時にまたいかなる矛盾もなく両立するであろう。（B　五六九）

ある自由な行為の結果Wはさしあたり自然因果性に関係づけられるが、Wとその「自然因果の系列」を含む全自然が可想界の現象形態なのだから、いっそう根源的には可想的原因が「現象する」という自由による因果性に関係づけられる。

現象におけるいかなる結果も、経験的な自然因果性の法則に従ってその諸原因が決定されるが、まさにこれと次元を異にして、この経験的な自然因果性が支配する自然の全体が、現象として、可想的因果性〔自由による因果性〕の結果でありうるのだ。

次の箇所では、結果も原因も現象の一環をなすという因果系列ではなく、現象そのものを成り立たせる原因とその結果としての現象という因果性が考えられている。それは、まさに可想界が行為のたびごとに可感界〔現象界〕に「現象する」という因果関係である。

つまり、自然連鎖の一項としてはともに可感界に完全に算入されねばならないが、現象ではなくその能力によれば可想的であるような、原因の根源的作用、〔しかも〕現象に関する根源的作用の結果が、ありうるのではないか？（B　五七二）

可想的性格と経験的性格の同型性

可想的性格と経験的性格との関係を、カントは次のようにも語っている。

なぜなら、われわれは〔行為の〕最高の説明根拠として原因の経験的性格だけに従い、経験的性格の超越論的原因である可想的性格は、その感性的記号としての経験的性格を通してのみ与えられる以外は、まったく未知なものとしておくからである。（B　五七四）

可想的性格は経験的性格の「超越論的原因」であり〔少しすると、可想的性格はさらに「超越論的性格」

と言いかえられている）、これを言いかえると、経験的性格は可想的性格の「感性的記号」である。実在としての可想的性格が、自由による因果性により、個々の経験的性格に「現象する」のだから、経験的性格は可想的性格の現象形態、すなわち「感性的記号」だというわけである。

よって、両性格は実在と現象との差異にもかかわらず「同型性」を保持している。

われわれは、ここでいったん立ち止まって、理性は諸現象に関して実際に因果性を持つことが少なくとも可能であると想定してみよう。すると理性はいかに理性であろうと、やはり経験的性格をみずから示さなければならない。というのは、いかなる原因も一定の諸現象がそれに従って諸結果として生じるような規則を前提し、またいかなる規則も（能力としての）原因の概念を根拠づけるような諸結果の同型性を要求するからである。（B　五七七）

原因と結果とのあいだには、一般に何らかの同型性が成立していなければならない。手を上げようとする意志が手を上げる行為をひき起こし、偽証しようとする意志が偽証行為をひき起こす。自然因果性においても、球突きの球Aが球Bに衝突してBを動かすには、Aの有する同一の運動量がBに伝達されるのでなければならない。

よって、可想的原因としての可想的性格は未知であるが、それが経験的性格の原因であるからには、経験的性格と何らかの同型性を保っていなければならない。でなければ「可想的性格が経験的性格に現象する」とは言えないからである。

可想的性格が経験的性格に「現象する」最もわかりやすい事例として、『実践理性批判』における「道徳法則に対する尊敬の感情」に注目することができる。

> 感情に及ぼすこのような消極的作用〔行為の動機として傾向性を排除するという作用〕は、およそ感情に与えるあらゆる影響ならびに何らかの感情一般と同じく、情緒的（patologisch）なものである。しかし、道徳法則の意識から生じた結果としては、したがってまた可想的原因――すなわち最高の立法者としての純粋実践理性の主観について言えば、傾向性によって触発された理性的主観におけるこのような感情は、なるほど自己卑下（知的軽蔑）と呼ばれるが、こうした自己卑下の感情を生ぜしめた積極的根拠である〔道徳〕法則について言えば、この感情は同時に道徳法則に対する尊敬である。（実　一五八）

道徳法則に対する尊敬の感情がまず人間感性の「うち」に存在していて、それが道徳法則を尊敬することによって道徳法則が成立するのではない、その場合、道徳法則の根拠は感性的なものとなってしまうであろう。そうではなくて、まず可想的性格が経験的性格に対して可想的原因として経験的性格がこびりつかせてきたあらゆる傾向性を軽蔑するように作用することが第一であり、その反射的作用として経験的性格は道徳法則を尊敬するのである。

われわれが経験的に確認できるのは後者の尊敬という感情だけである（しかも、幾分の不快を伴って）。ただし、こうした状況において、われわれは可想的原因からの作用を受けながらも、ほとんどそれに耳を傾けることをせずに、やはり膨大な傾向性を動機として行為をひき起こしてしまうのだ。

とすると、可想的性格と経験的性格との同型性は、次のようなねじれた構造をしている。ある男Xは可想的性格においては「偽証すべきでない」から（可想界において）偽証しないのであるが、Xの経験的性格はおうおうにして（可感界において）偽証をひき起こす。だが、そのときでも、Xは「偽証すべきでない」ことを知っているのだから、可想的性格と同型性を保っているのだ。

経験的性格と決定論

「宇宙論的理念の解決」における次の引用箇所は、完全に古典的（ラプラス的）決定論の立場を取るもので、ここでカントは勇み足をしていると見ていい。

こうした経験的性格そのものは、結果としての諸現象と経験がわれわれに手渡す諸現象の規則から引き出されねばならないから、現象における人間のあらゆる行為は、彼の経験的性格と自然の秩序に従ってともに作用するさまざまな他の自然原因とによって規定されている。

そして、もしわれわれが人間の意思のあらゆる現象を徹底的に究明しうるとすれば、われわれが確実に予言し、それに先行する必然的な諸条件から認識しえないような人間的行為はただの一つとしてないであろう。

よって、こうした経験的性格に関して自由は存在しない。（B　五七七～五七八）

引用文中の第二センテンス「そして、もしわれわれが……一つとしてないであろう」は、典型的な硬い決定論の主張である。カントはここで明らかに行きすぎている。あるいは、混乱している。

事後的に「どんな行為でもその行為よりも先行する条件から必然的に生じたものとして認識しうる」ことと事前に「どんな行為でも確実に予言しうる」こととはまるで異なった主張だからである。決定論が自由意志と両立するのは前者の決定論までであって、後者の決定論を取る場合、それは自由と両立しなくなるばかりか決定論自身が足場を失って瓦解する。

単純に想定してみさえすればいい。もしわれわれが「どんな行為でも確実に予言しうる」状況にあるとき、それを知ることが原理的にできるはずであろう。だが、未来の行為に関して、もしそれが完全に規定され、かつ行為者当人がそれを完全に認識しているとすると、そこにはまったく想像を絶した世界が出現する。

私は五分後に後方から来る酒気帯び運転の車に巻き込まれて大怪我をすることを知っている。だが、私は避けることができない。なぜなら、私はそのとき友人との話に夢中であり、後方に注意を払わず、車が迫っていることに「気がつかない」からであり、それも現在すでに知っているからである。こうして、私は「知らないことを知っている」という奇妙な世界に生きなければならない。

いや、それどころか、私が自他の行為を確実に予言しうる状況にあるとき、実践的意味における自由も成立する余地がなくなる。もし未来が完全に決定され、かつ認識されているとき、未来においてするべき行為（「べし」）というものもまた成立しえなくなるであろう。私が明日の法廷で偽証することが決まっていて、かつそれをすべての人が知っている（知りうる）場合、私が「偽証すべきでない」とはどういう意味なのであろうか？　まさに、未来に正確に予測される自然現象（例えば明日正午に起こるとされる日食）に対して「起こるべきではない」と主張するのと同じほど無意味な主張である。

あらゆる反論にもめげずに決定論者が生き残るのは、彼が未来世界を具体的に記述しないからである。これは、たまたまできないのではなく、できてはならないのだ。

決定論者は、行為を含む自然現象が生起したあとで、「まさにこのように決定されていた」と語ることに留まらねばならない。現象が生起してしまえば、それがどのように生起しようとも、膨大な自然原因を挙げて「このように決定されていた」と説明できるのである。

よって、「いままさに生起しようとしている」行為を含む未来の行為に関しては、いかなる予言もなしえない。行為が生起したあとで「予言通りであった」と語ることができるだけである。

こうした語り方を認める場合のみ、自由は自然因果性と独立に成立しうる。行為の生起は根源的に謎だからである。その限り、そこに自然因果性と並んで自由による因果性が実在的に作用していると解することも妨げない。

そして、行為が生起してしまえば、その行為はすべて自然因果性によってひき起こされたという意味で「決定されていた」と語る権利もあるのだ。

ブラックボックスとしての経験的性格

もっとも、しばらくあとに出てくる文章を見ると、カントはこのことを知っていたようでもある。そこで（前章で挙げたが）カントは、各人は自分の経験的性格を「内観（Introspektion）」によって直接正確に知ることはできないことを強調する。

よって、諸行為の本来の道徳性（功績と罪過）は、いや、われわれ自身のふるまいの道徳性すら、われわれにはまったく隠されている。われわれの行為に対するプラスあるいはマイナスの評価（Zurechnung）は、経験的性格だけに関係させられる。しかし、そのうちどれほどが自由による純粋な結果であり、どれほどが単なる自然、責められない気質上の欠陥、あるいは気質の幸運な状態（merito fortunae）に帰せられるかは、誰も根拠づけることができず、よって完全に公正に判定することはできない。（B　五七九、注）

各人がわが身を振り返ってみずからの経験的性格を探求しても、それは「まったく隠されている」のだ。カントは具体的な「この行為」をひき起こしたディスポジションとしての原因を経験的性格と呼ぶが、その内訳としてどれほどが自由による結果であり、どれほどが自然による結果に帰せられるかは、わからないと言っている。

この部分を素直に読めば、経験的性格を構成する諸要素が「われわれにはまったく隠されて」いようとも、そこには自然因果性の諸原因に加えて、「どれほどか」は不明だが「自由による〔因果性の〕純粋な結果」も含まれている、とみなさざるをえない。「どれほどか」そして「いかにしてか」はわからないが、具体的に可想的原因（可想的性格）が、経験的性格を介して現実の行為をひき起こす因果性を承認していることになろう。

とすると、先に検討したように、現実の行為は自然因果性によってそれが実現される前にあらかじめ完全に決定されているわけではない、と考えざるをえない。

ここに浮かび上がってくるのが、行為を実現する時としての「いま」である。「いま」行為者は完全な意味で自由でなければならない。たとえ、行為の実現後、その行為が「あたかも完全に決定されていたかのように」自然因果性および自然法則によって規定されうるとしても、それは、「いま」まさに実現されようとしている行為が、あらかじめ自然因果性および自然法則によって完全に決定されていることを含意しない。

行為が実現される「いま」において、「どれほどか」そして「いかにしてか」は隠されているが、可想的原因からの作用が間接的に関与しているのであり、それを誰も（行為者自身すら）知らないのだ。これは、無意味な想定であろうか？　そうではないように思う。「いま」という根源的な時に生起しつつある行為を、すでに過去化され対象化された行為と同一視するほうが、ずっと根拠のない想定である。現に生まれつつある行為を過去化し対象化してとらえることが、その行為を自然因果性に従わせてとらえることにほかならず、よって当然のことながら、こうした操作によって、行為をひき起こした原因は自然の諸原因のみになるのである。

可想的性格の感性的図式としての経験的性格

先に、経験的性格は可想的性格の「感性的記号」であることを確認したが、次の諸箇所でさらに具体的にカントはこれら両性格間の関係を語っている。

経験的性格そのものがまた可想的性格（思惟の様式）のうちで規定されている。（B　五七九）

いかなるこうした行為も、人間の経験的性格において、その行為が生じるよりも先に前もって規定されている。経験的性格は可想的性格の感性的図式にすぎないのだが、可想的性格については前もってあるいはあとからということはできない。そして、行為はその人の行為が他の諸現象とともに存する時間関係を度外視すれば、純粋理性の可想的性格の直接的な結果であり、よって、こうした行為は自由であり、時間的に先行する外的あるいは内的根拠によって自然原因の連鎖の中で動力学的に規定されることはありえない。（B

五八一)

自由による因果性において、原因としての可想的性格は結果としての経験的性格をひき起こすのだが、この因果関係は、前者が後者を「規定する」ことにほかならない。その場合、「思惟の様式」とは可想的性格が時間・空間的に位置づけられる現象ではないことを表している。

このことをさらに言いかえれば、経験的性格は「思惟の様式」である可想的性格の「感性的図式」である。図式の原型は『純粋理性批判』「図式論」で論じられている。その場合、図式とは、カテゴリーという思惟の形式と時間・空間という直観形式とを媒介する「超越論的図式」をはじめ、一般に思惟と直観を媒介する「第三のもの(ein Drittes)」であり、思惟を感性化する機能を持つ。

しかし、右の引用部分においては、図式の機能はこうした認識の成立における機能とはずいぶん異なっているのではないか?

すべての人は道徳法則のみを尊敬するという動機から行為する「べき」であり、そうした理性的存在者として可想的性格を有している。具体的事例に即して考えると、すべての人は偽証すべきでないことを知っているが、それにもかかわらず経験的性格の主体として、さまざまなかたちで偽証する。とすると、経験的性格は、何らかの程度、可想的性格からずれている(極端な場合反対になっている)にもかかわらず、前者は後者の図式なのである。

先にも「感性的記号」について考察したが、理性的存在者としての人間は、いかに経験的性格によって偽証したとしても、そうすべきではないことを知っている、その限りやはり可想的性格を有している。確かに、経験的性格は偽証をひき起こす。しかし、そこに生起した現象としての行為は、発話行為としての「偽証」にすぎないのではなく、「～すべきでない」という意味のこびりついた、そういうかたちで可想的性格が感性化された行為なのである。

これはイデア論に近いであろう。個々の人間はいかに現実の数学の計算あるいは現実の幾何学図形の作図題において間違いを犯しても、理性的存在者としていつでも完全に正解を知っているのだ。任意の間違った解答がそのまま正解の感性的図式なのではなく、解答者が理性的存在者である限り、彼は「正解を出すべきである」ことを知っており、このもとに彼が提出した間違った計算結果あるいは間違った作図結果は、「間違い」という意味をまとった正解の感性的図式なのである。

理性の没時間性

このあと、カントはふたたび理性が時間規定から独立であることを強調している。同じことをさまざまな角度からさまざまな表現で言いかえているが、次の二箇所にその主張が鮮明に記されている。

> 単なる可想的能力としての純粋理性は、時間形式にも、よってまた時間継起の諸条件にも従わない。可想的性格における理性の因果性は、発生することはなくまたある時点に結果を生じさせるように始まることもない。（B　五七九）

したがって、理性そのものにおいては何ものも始まらず、理性はすべての意思的行為の無条件的な条件として、〔それよりも〕時間的に先行する条件をみずからに許すことはない。つまり、理性の結果は諸現象の系列において始まるが、諸現象の系列においては端的に第一の始まりを形成することはない。（B　五八二）

カントは「理性そのもの」とその現象形態（理性的存在者としての人間）を区別している。よって、理性そのものの性格である可想的性格は時間規定のもとになく、理性的存在者の性格である経験的性格は時間規定のもとにある。ここまでは、容易に理解可能である。問題は、具体的行為が実現される場合に、可想的性格がいかにかかわるか、ということである。

現象界において偽証する経験的性格の主体は、可想界においては可想的性格の主体として可想的行為を遂行する。だが、理性そのものが時間規定のもとにないとすれば、その行為も時間規定のもとにはないはずである。

では、可想的行為とは単なる「偽証しない」という概念にすぎないのであろうか？　だが、単なる概念がどうして原因になりえよう？　可想的行為が行為であるのなら、間接的に時間規定のもとにある、という解決しかないように思われる。「偽証する」という行為が現象界で実現されることをもって、そのとき可想界で「偽証しない」という可想的行為も実現されるのだ。

もともと「偽証すべきでない」ことは理性が超時間的に命じている。これは可想的行為ではない。

これが具体的に「偽証しない」という可想的行為になるのは、「偽証する」という現実的行為が生起することをもってである。存在論的にはあくまでも「偽証しない」という可想的行為が「偽証する」という現実的行為に先行する。だが、時間に関しては可感界における現実の「偽証する」という行為が、行為の生起を決定するのである。

可想的原因の根拠は認識できない

カントは「宇宙論的理念の解決」の錯綜した論述の終わりにあたって、可想的原因としての可想的性格とその現象形態としての経験的性格との関係、すなわち可想的性格が「いかにして」個々の経験的性格へと現象するのか、という問いに答えることをあらためて拒否している。

> われわれは可想的原因が自由であり、感性から独立に規定され、こうした仕方で諸現象の感性的に無条件な条件でありうることを認識できる。しかし、可想的性格が、なぜこのような事情のもとでこの諸現象を生ぜしめ、この経験的性格を与えるのか、という問いに答えることは、われわれの理性の答えうるあらゆる能力を超えている。（B　五八五）

可想的原因が可感界に及ぼす因果関係を、誰も（行為者自身も）認識することはできない。これを言いかえれば、行為がまさに生起しつつある根源的「いま」は、可感界なのではない。それは超時間的な可想界のいわば時間的な反映なのである。

自由な行為が生起しつつある「いま」とは、可想界からの可想的原因（可想的性格）が可感界に現象して「そのときの」経験的性格が形成されつつある時であり、その形成された経験的性格が自然因果性に従って特定の行為をひき起こすのであるから、可想界が可感界へと結果を及ぼすところ、まさに可想界の可想因が現象して可感界の行為を間接的に生ぜしめるところなのである。

だが、いったん行為が実現されると、われわれはその行為を過去化し対象化し、それと同時に経験的性格に及ぼしていた可想因をとらえることはできないから、これを完全に捨象して、経験的性格から開始して行為の原因を探求する。すると、この方法からは、当然のことながら、自然因果性と自然法則にかなった自然的諸原因しかとらえられないことになり、その行為は自然因果性によって決定されていたことになるのだ。

実在論的解釈の帰結

最後に、自然因果性と自由による因果性との実在的関係について確認できたことをまとめてみよう。
(1) 自然因果性は疑いなく存立している。
(2) 自由による因果性は自然因果性を攪乱することはない。
(3) 自由による因果性とは、可想界に属する原因が現象界に属する結果をひき起こすことである。

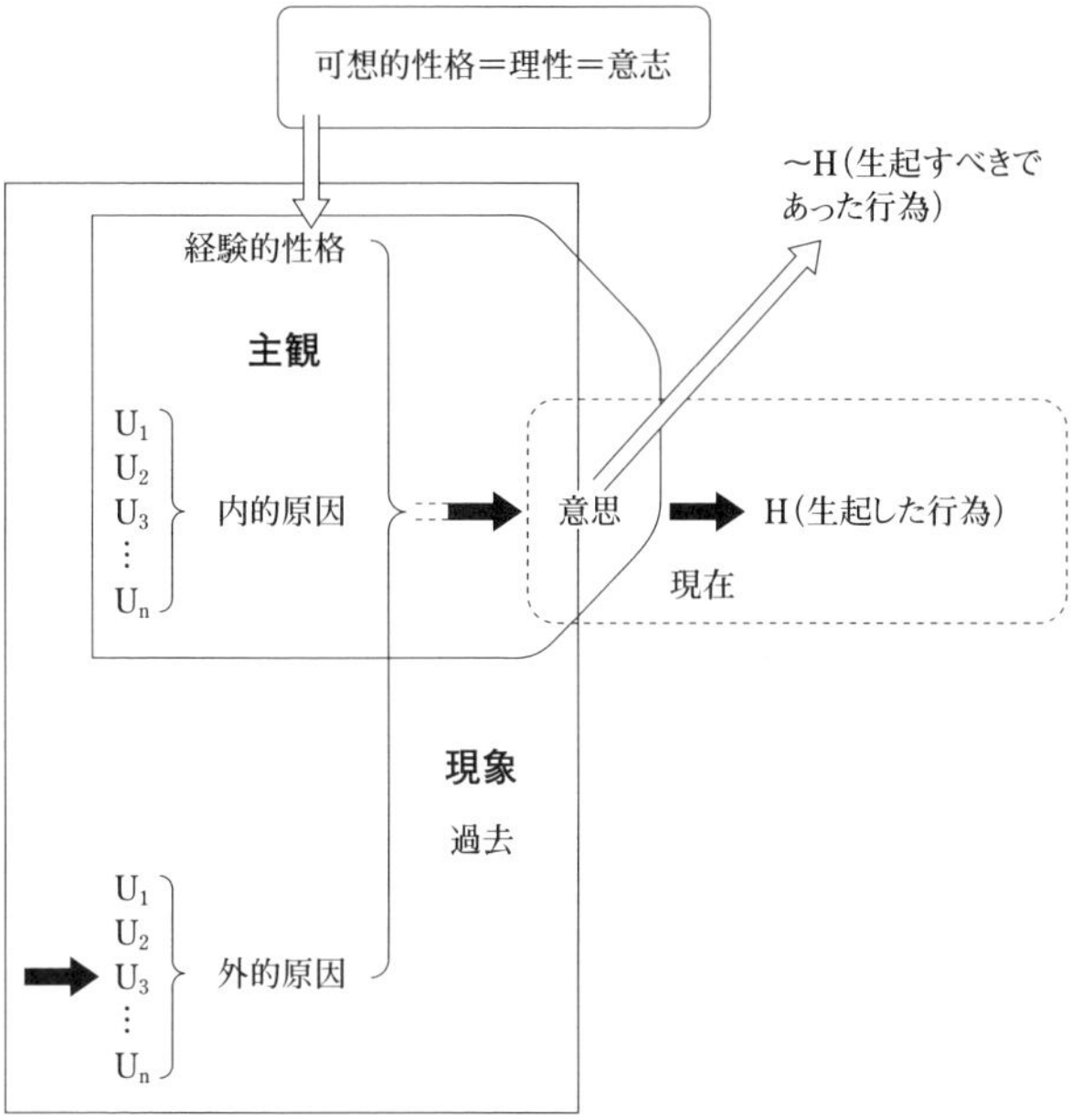

図3　道徳的に悪い行為を実現する場合

(4)現実の行為はすべて自然因果性によって完全に決定される。
(5)われわれは自動人形ではなく自由な理性的存在者である。
(6)可想的原因は絶えず現象界全体に実在的作用を及ぼすが、その作用の仕方は未知である。

(4)と(5)を統一的・整合的に理解するのは至難の業である。カントはスピノザのように、神の視点とわれわれ人間の視点という二重の視点を取らない。神によればすべては決定されているが、人間はすべての原因を洞察できないので、自分が自由に選択したと思い込んでいる、という解決である。われわれ人間に道徳的に

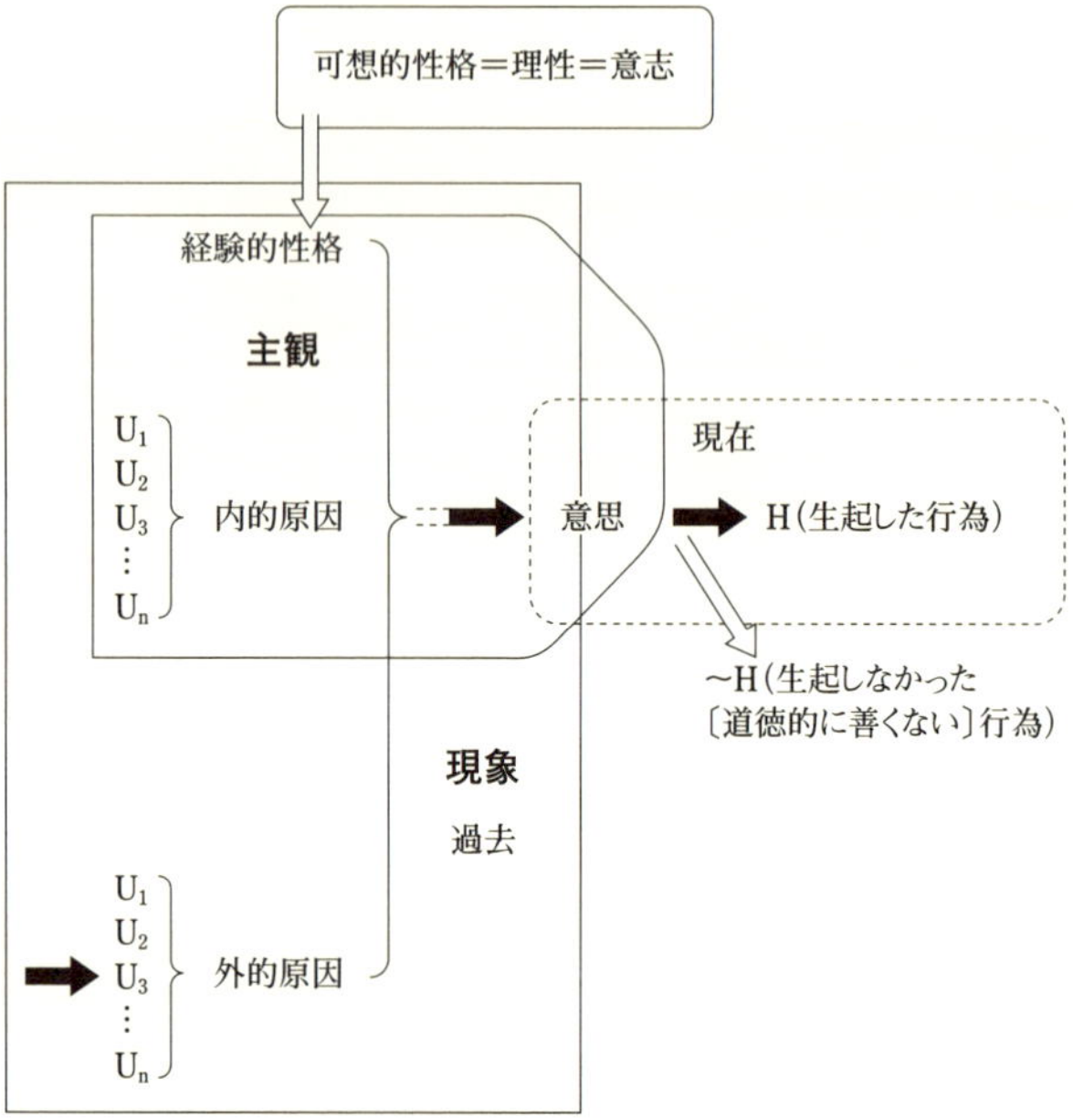

図４　道徳的に善い行為を実現する場合

高まる能力がまったくないのだとしたら、カント倫理学は崩壊するであろう。もし、理性に源のある原因がいっさいわれわれに作用せず、われわれはただ自然原因だけによって突き動かされているのなら、われわれは自動人形とどう違うのであろうか？　責任を問うのも、理性が自分自身に命ずる道徳的に高まれという義務も、魂の不滅の要請も無意味になろう（これについては、第四章第３節で詳述する）。

　よって、(5)は動かせないとすると、(4)の解釈を変えるほかはない。これは文字通りの意味では誤りだということである。現に実現された行為は自然因果性によってことごとく決定されていることは認めていい。それは行為の事後的な決定論であって、われわれは可想的原因を認識できないのであり、認識できるのは自然原因だけなのだから、当然のことである。このことと、われわれの行為の現場に理性からの原因もまた作用していることはどうしたら理解可能であろうか?

一つの整合的な答えしかありえないように思う。可想的因果性は行為の現場、すなわち「いま」行為が実現されつつあるとき、確実に作用している。しかし、それをあとで認識しようとすると、それは自然因果性の一項（現象）に「姿を変えてしまう」のである。

行為が生起しつつある「いま」何が起こっているかは認識を超えた問題である。われわれがそれを認識するとは、それを過去化し固定化し記号化して「自由であった」こととしてうまく自然因果性の網の目に取り込むことによってである。認識の対象となった「自由であった行為」は、「自由な行為」とは別のもの、まさにその「感性的記号」ないし「感性的図式」にすぎないのだ。

実在論的解釈を試みに図式化すれば、図3（一四五頁）・図4（一四六頁）のようになる。

3　因果性と時間性

カントはヒュームを批判しえたか?

カントは『実践理性批判』の前半でかなりのページ数を割いて、ヒュームの因果律に対する懐疑を取り上げ、それを徹底的に批判しているが、うまく進んでいるとは思われない。じつのところ、『純粋理性批判』の「原則論」における第三の「関係の原則」のうちの二番目「経験の類推」をいくら精読しても、ヒューム批判が成功しているとは思われないのである。

そこで、カントが全精力を傾けて擁護しようとしたことは、「あらゆる自然現象にはそれをひき起こした何らかの自然原因がある」ということ、言いかえれば「自然現象であって、それをひき起こした何の自然原因も見いだせないものは矛盾である」ということだけである。このことは、少なくとも「習慣」ではなく、ア・プリオリだと言いたいのだ。

さしあたり（じつはさまざまな問題があるのだが）それを認めることにしよう。だが、カントはここに留まらず、ニュートン力学の諸法則はじめ、あらゆる自然法則もまたア・プリオリ（普遍的かつ必然的、すなわち、どの時間でもどの場所でも同じように妥当し、それ以外ではない）と思い込んでいる。

だが、あらゆる自然法則は、自然を観察して得られたものである限り、経験的なものを含んでおり、その限り理性というア・プリオリな起源だけに由来せず、ア・プリオリな妥当性は持たないことは明瞭である。ニュートンの万有引力の法則でさえ、重力定数（G）は観察によるものであり、力の大きさが二物体の質量と距離との逆二乗に比例するという関係そのものもそうである。

因果関係のア・プリオリ性と自然法則の客観的妥当性はまったく異質あるいは異次元であるのに、カントは両者を同レベルで論じている。その結果、因果関係のア・プリオリ性さえ保証されれば、ニュートン力学はじめあらゆる力学的自然法則は未来永劫妥当するだろうという展望を抱くことになる。だが、これは大いなる錯覚である。

明日から万有引力が突如変化して逆二乗の法則（$f=G\frac{m_1m_2}{r^2}$）ではなく、逆三乗の法則（$f=G\frac{m_1m_2}{r^3}$）になったとしよう。しかし、因果関係のア・プリオリ性は「あらゆる自然現象には何らかの自然原因があれば」それだけで成り立つのだから、明日、成立している逆三乗の法則のもとにおける自然現象E_2は、それが「結果」であるような「原因」を今日成立している逆二乗の法則のもとにある現象E_1のうちに見いだすことができるであろう。

そのあいだには一定の法則はなくてよい。「結果」とみなされる自然現象に「何らかの自然原因」とみなされる別の自然現象が見いだされれば、それで充分なのであるから。

因果関係のア・プリオリ性が崩れるのは、いかなる自然現象のうちにも「何らかの原因」がまったく見いだせないときのみ、すなわち自然全体が一瞬間でもまったくの「無」であるとき、自然現象の系列が「無」によって途切れているときのみである。

カントは「経験の類推」においてみずから論証したことの成果を過大評価している。すなわち、彼は結果とみなされる自然現象には必ず何らかの自然原因が突き止められる限りで、あらゆる自然法則はア・プリオリであることを論証しただけであって、個々の自然法則における具体的因果関係のア・プリオリ性をいささかも論証していないのである。

万有引力の法則は、明らかにカテゴリーと時間・空間だけからは導かれえないし、それは経験的な観測や推理によって導かれているのであって、その限り「これまで」成り立ってきたにすぎない。よって、このことはそれが「これから」もア・プリオリに妥当することを保証しない。万有引力の法則は

「これから」も同じように妥当するかもしれないが、それは偶然である。以上が、カントの因果論から自然に出てくる帰結である。

とすると、この結論は因果関係をただの「習慣」とみなすヒュームとどこが違うのであろうか？

個々の現象間の因果関係と現象一般の因果関係

注意すべきことであるが、因果関係という概念によってカントとヒュームが見ていたものはまったく異なる。ヒュームは、規則説と呼ばれるように、類似の現象が繰り返し起こるとき、正確に言えば、ある現象E_1が他の現象E_2より時間的に先行し（priority）、両者が近接し（contiguity）、さらに両者が恒常的関係（constant conjunction）にあるとき、E_1とE_2とのあいだには因果関係が成立する、と主張する。原因の資格には、結果を「ひき起こす」動力は含まれていない。よって、稲光のピカは雷のゴロゴロの原因である。

だが、カントの場合、関心は個々の現象間の因果関係に向かってはいない。t_1における現象全体の状態E_1が次の（適当に近接した）t_2における現象全体の状態E_2を「ひき起こす」ことを思念している（カントは原因と結果は同時でありうるとして、ヒュームの「先行」という条件を批判しているが、思い違いもはなはだしいのでここでは立ち入らない）。すなわち、古典力学の世界像そのままであり、t_1における世界のあらゆる質点の位置と運動量を計測できれば、t_2における世界のあらゆる質点の位置と運動量は決定される。

ということは、カントの場合、古典力学の描く通り、それぞれの時刻における世界の状態（あらゆる質点の位置と運動量の状態）は一通りしかなく、しかもある時刻における世界の状態を完全に知れば、あらゆる時刻における世界の状態は一通りに決まるのであるから、因果関係とは諸現象の総体としての世界の客観的順序関係にほかならなくなる。こうして、カントは因果関係をア・プリオリであるとみなすことによって、じつは世界の客観的順序がア・プリオリに（普遍的かつ必然的に）成立していることを主張している。

だが、この主張は古典力学的世界像から離れては内容のないものであろう。世界は常にある時刻においては一通りの現象しか生じないのであり、それらを繋げたものが「現にあったこと」すなわち過去である。すでに述べたように、過去については、これまでの諸現象の束がア・プリオリに、すなわち必然的に起こったのか、それともただ現実的に（ただ現に）起こっただけなのかと問うことには意味がない。

では、未来において、必然性と現実性とを区別する意味があるだろうか？　古典力学的世界像に寄りかかるのでない限り、意味はない。すなわち、未来の各時刻においても各場所において一通りの現象しか起こらず、よって未来の各時刻の出来事の総体、すなわち世界の状態も一通りに決まるのであるから、どのような出来事が起きようと、それらのあいだには客観的順序がつけられる（きわめて複雑な法則になるかもしれないが）。

こうして、カントはヒュームを批判しようとして的を外し、古典力学的決定論的世界像に支えられてのみ保証されるようなア・プリオリ性を因果関係に付与しようとした。すなわち「これまで」の各時刻において、世界の状態が予測通りに生じたように、「これから」の各時刻においても、世界の状態は予測通りに生ずる、という過剰な要求をしてしまったのである。

だが、明らかにカントが判断表から導き出した因果関係のカテゴリーは、こういう内容を含んでいない。繰り返して言えば、それはただ「あらゆる自然現象にはそれをひき起こした何らかの自然原因がある」ということだけなのである。

カントが因果関係に要求していることと実際にカントが因果関係に付与している意味とのあいだには、大いなるギャップがある。そして、前者は古典力学という経験科学を前提している限り到底採用できず、因果関係のア・プリオリ性に固執する限り、後者を取る以外にない。だが、皮肉なことに、それは未来における現象の内容について何も語らないという意味で、ヒュームと完全に一致してしまうのである。

以下、さらに立ち入って見てみよう。

未来は統整的原理のもとにある

『純粋理性批判』「超越論的弁証論」の最後に大部の「付録」があるが、カントはそこで、経験一般の「構成的原理（konstitutives Prinzip）」とは異なる「統整的原理（regulatives Prinzip）」について詳論している。構成的原理とは、文字通り経験一般を構成する原理であり、具体的にはカテゴリーや時間・

空間といった経験の可能性の条件によって経験をア・プリオリに構成することである。だが、経験の可能性の条件は、経験一般をそのア・プリオリな側面に関してのみ、構成するだけである。

具体的な経験的自然科学（カントの考えていたのは力学だけであるが）の法則はそれだけでは成立しない。それらは、観察によって、帰納法によって、推論によって、さらには諸法則間の論理的整合性などを加味してはじめて成立する。浮力に関するアルキメデスの法則や、天体に関するケプラーの法則や、弾性に関するフックの法則や、気体に関するボイル－シャルルの法則や、光の屈折に関するスネルの法則ではなく、全自然を統一的に説明するニュートンが選び出されるのは、自然自体の本性によってではなく、いつでもどこでも統一的で単純な自然法則を求める理性の本性によってである。

いま掲げた個別領域で妥当するあらゆる自然法則は、悟性に基づく構成的原理にかなっている。しかし、その中から、とくにニュートンを選び出しているのは、自然全体を統一的に記述する自然法則を求める理性の本性であって、その選択はカテゴリーのような客観的必然性にではなく、理性の要求という主観的必然性に基づくものである。

……こうした統一を求める理性の法則は必然的なものである。つまりこの法則がないと理性も存在しないことになり、理性がなければ、統合的な悟性使用もなく、またこの悟性使用がなければ、経験的真実性を表示するに充分なメルクマールのないことになろう。だからわれわれはこうしたメルクマールの必要に鑑みて、自然の体系的統一を客観的に妥当する必然的統一として前提せざ

るをえない。（B　六七九）

理性に帰着する統整的原理は、間接的に悟性を通じて経験を構成することに作用している。すなわち、理性の統整的原理は具体的な力学（ニュートン力学）成立の場面ではじめからはたらいている。よって、具体的な自然の体系的統一には理性の主観的原理が隅々まで浸透しているのに、われわれはそれを含めて自然の客観的に妥当する必然的統一だとみなすのである。

以上の知見を未来の自然状態に関して当てはめてみよう。先に述べたように、自然における因果関係のア・プリオリ性は、ただ「あらゆる自然現象にはそれをひき起こした何らかの自然原因がある」ことだけである。そして、ニュートンの万有引力が「これまで」あらゆる場所・あらゆる時間において妥当することが確認された。これですべてである。

よって「これから」も、未来永劫にわたって「あらゆる自然現象にはそれをひき起こした何らかの自然原因がある」ことが導ける。だが、このことから「これから」も万有引力が成立することは導けない。

先に述べたように、未来において万有引力の定数Gが変わっても、その力のディメンションが逆三乗になっても、あるいは万有引力というものがなくなっても、「あらゆる自然現象にはそれをひき起こした何らかの自然原因がある」ことは揺らがない。科学史を見返すと、新たな自然法則は常に以前の自然法則が説明できる領域をすべて網羅し、さらにこれまで説明できなかった自然現象をも説明できるような統一的法則であるとき、これまでの自然法則を凌駕するとみなされ、これに取ってかわる。

コペルニクスの地動説がそうであり、アインシュタインの相対性理論がそうであり、現代進行中の量子力学がそうである。だが、このこともさらに統一的な法則を求めるという理性の本性の枠内である。そして、このすべてが「これまで」そうだったにすぎない。「これから」は、突如としてこうした統一的自然法則は消え去るかもしれない。その場合、理性がいかに統一を要求しても自然自体それには答えられないであろう。そして、雑多な自然法則に解体するかもしれず、その極限としていかなる個別領域においても普遍的自然法則はなくなるかもしれない。

そして、――これを強調したいのだが――それにもかかわらず、未来永劫にわたって、あらゆる自然現象に関して「何らかの自然原因」が見いだされれば、カントの提唱している因果関係のア・プリオリ性は保たれる。ということは、明日から一挙に「これまで」とはまったく異なる自然法則に移行するかもしれないが、それでも明日からの自然世界には「何らかの自然原因」が見いだせるであろう。

確かに、今日から明日の変わり目においては、統一的法則表示ができなくなるかもしれない。だが、それでも明日の特定の自然現象E_2を今日の「何らかの自然原因」E_1に何らかの仕方で（一対一でなくてもいい）対応させることは可能である。まったく対応ができないというのは、ただ次の場合だけであろう。すなわち、今日と明日の変わり目で全自然が「無」に帰してしまい、明日以降の自然原因は「無から」生じたと言わねばならない場合である。このときのみ「あらゆる自然現象にはそれをひき起こした何らかの自然原因がある」という因果関係のア・プリオリ性は維持できなくなり、カントの因果論は間違っていることになる。

　以上論じてきたことを、別の観点から次のように言いかえてもいい。カントにとって、認識とは概念と直観との協働作業によって成立する。だが、未来のあり方にはいかなる意味でも「直観（Anschauung）」が欠如しているゆえに、われわれはそれを認識することはできない。確かに、純粋直観は未来においても「ある」であろう。だが、それは時間と空間の広がりだけであり、経験的自然科学の要素としての未来における「経験的なもの」（それは知覚によって与えられる）は現在まったく直観されていない。理性は、直観されていない未来の自然状態を、帰納法によって「あたかも～かのように」想定することができるだけである。

　こうした観点から見返すと、カントは時間を「直観の形式」とみなし、そこに現在や過去と並んで未来も含めているが、これは明らかな自己矛盾である。なぜなら、われわれは未来の出来事に関する直観（フッサールの用語では「充実（Erfüllung）」）を寸毫も持ちえないのであるから。

　天文学が未来の宇宙のあり方を予測する場合でも、過去のあり方をそのまま未来に延ばしただけの「未来完了態」であり、じつのところ過去の「影」にすぎない。未来の自然そのものをわれわれはまったく認識できない。いかなる精密な予測をしても、それによって得られる「未来の自然状態」とは、「あたかも～であるかのようなもの」であり、理念にすぎない。これが、むしろ古典力学的世界像から自然に導かれることである。

決定論と自由意志

以上を踏まえて、「決定論と自由意志」という古典的議論に立ち向かうことにしよう。これは、もともとは全知全能の神と人間の自由意志との関係を問うものである。『聖書』の「創世記」によると、神は、アダムに向かって「エデンの園の真ん中にある知恵の木の実を食べてはならない」と命じたが、アダムはエヴァと蛇にそそのかされて、神の命令に背きそれを食べてしまった。それを知った神は大いに怒り、アダムをエヴァとともにエデンの園から追放した。

全知でない神は矛盾である。よって、神はアダムが命令に背いて知恵の木の実を食べることも、あらかじめ知っていたはずである。その場合、アダムは神の命令に背くように創られたのであり、ただ神の遠隔操縦によって動いていただけであって、彼には責任がないとも言えよう。だが、アダムは、このことによって神の怒りに触れ、額に汗して労働し続けたあげく死ぬという重い罪（原罪）を負うことになった。これは不条理である。

これに対して、こうした人間理性によって推論される矛盾をそのまま神の知性に類推して「矛盾だ」と結論づけること自体が勘違いなのだという見解が出てくる。例えば、デカルトに典型的であるように、神のなすことは、『聖書』に登場する、あるいはその後確認されているあらゆる奇跡と同様、「自然の光（lumen naturale）」（人間理性）とは異なる「恩寵の光（lumen gratiae）」によってとらえるべきであり、そのまま人間理性を超えたものとして呑み込むことが必要なのだという見解である。

そして、人間の自由意志の問題は、古典力学の完成以来、神の全知に基づく神学的決定論が自然科学的決定論に席を譲りながらも、同じ構図で生き続けている。すなわち、一方で、力学法則は森羅万象を支配し、未来永劫に至るまで決定されているが、他方、人間は自由である、という事態をどう整合的に理解することができるか、という問題である。

これに対する一つの手際よい解決は、デカルトの「恩寵の光」が神の完全な知性と人間の不完全な知性とを分けたように、神の視点と人間の視点とを分けるものである。こうすれば、神の視点からは完全に決定されていても、不完全な人間の視点からは人間の行為に自由を認めていいわけである。これは、スピノザの考え方であって、自由とは不完全な知性が無知のために導入した「あたかも自由であるようなもの」にすぎない。

だが、ここで自由を論ずるときに、過去・現在・未来とひと括りにする態度を反省して、これらのあいだに楔を打ち込んでみよう。そうすると、直ちにわかるのは、決定論と自由意志は過去の行為においては、基本的に対立が生じないことである。現実の行為は一通りに起こったのであり、それを自然因果性だけで説明しようと、さらに自由による因果性によって説明しようと、説明方式の差にすぎない。「それ以外の行為」は実現しなかったのであるから、実現された特定の行為があらかじめ決定されていたのか、それとも複数の可能な行為のうちから選択して実現されたのかは、純粋に解釈の問題である。

だが、まだ実現されていない未来の行為に関しては、それが自由になされるのか、決定されているのかは、単なる解釈の問題ではない。なお、まだ実現していない行為を、まさに行為が実現されようとする状態、行為が実現されつつある状態にまで限定すると、現在の行為になる。行為における現在はもともと未来へ向けて幅のある概念であり、未来の行為と現在の行為との絶対的境目はない。

ここで、とくにスピノザの見解が浮上してくる。すなわち、われわれが自分のまだ実現していない行為に関して「無知であること」が、その行為が自由であることにとって不可欠の要件なのである。われわれが自分の未来の行為を完全に知りうるとき、そこには想像を絶した世界が開かれる。

イエスは自分の身にこれから何が起こるかをことごとく知っていた。ユダが自分を裏切ることも、ペトロが自分を三度「知らない！」と言うことも知っていた。磔になって殺されることが避けられないことも知っていた。よって、ゲッセマネで「わが父よ、もしできることでしたらどうか、この杯を私から過ぎ去らせてください」と訴えたのである。

通常の人間でも、これに似た状況に投げ込まれることはある。特攻隊の戦士たちは、数時間後に自分は生きていないことを知って飛行機に乗り込んだのであり、死刑囚はあと一時間したら自分は絞殺されることを知って拘置所を出るのだ。

このように、特定の場合、自分の運命は決まっているがそれを避けることができないことはある。しかし、すべての未来の現象に関して細部に至るまですでに知っているとき、われわれははたして生きていけるであろうか？

こういうことである。私はいま道を歩いているが、どのような身のこなしで歩くのか、どのように周囲の光景を見て歩くのか、いや何を考え何を感じながら歩くのか等々、すべて知っている。この気味の悪い状況において、私の意志とは何であろう。雨が降ってきた。私はその一秒後に自分がタクシーを停めようと右手を上げることを完全に知りながら、右手を上げるとはどういうことだろう？だが、そのタクシーは停まってくれず、私はとっさにチェと呟き「しかたない」と呟いて小雨の中を歩き始めることを知りながら、とっさにチェと呟き「しかたない」と呟いて小雨の中を歩き始めるとはどういうことか？

私はすでに「私」ではないであろう。私は「誰か」のすることをそのままたどっているだけであろう。私はこのすべてを不思議にも思わない。なぜなら、私は自分がこのすべてを不思議に思わないことも知っているからである。私は狂気にもなれない。なぜなら、私は自分が狂気に陥らないことも知っているからである。

こうして、意思が自然因果性によってことごとく規定（決定）されているとしても、その主張が成り立つためには、それをわれわれは完全には認識できないという要件が絶対に必要なのである。

決定論と他行為不可能性

フランクファートは「他行為不可能でも責任は問える」という問題を提起した（「代替諸可能性と道徳的責任」）。これに関しては久呉高之の詳細な検討がある（「他行為可能性と自由」『現代カント研究6 自由と行為』晃洋書房、所収）ので、それにそって検討してみる。

久呉によってまとめられたフランクファートの設定は以下のようなものである。

いま或る人ブラックが、他の人ジョーンズに或る行為Aを実行させたがっていると仮定する。ブラックはジョーンズが何を為すかをまさに決めようとするまで待ち、そして、ジョーンズがAとは別の何かを為すことを決心しようとしていることが明らかでないうちは（ブラックはこのような事柄の卓越した判定者である）何もしないが、それが明らかになるやいなや、ジョーンズがAを為すことを決心し、かつ実際に為すということを確実ならしめる（強制する）ための効果的な処置をとることにしている。（九ページ）

このあとで、久呉はテーマがいっそう理解しやすくなるような具体的な状況を想定する。

もしジョーンズが非Aを為そうと決心しようとするならば、彼の脳内のチップが自動的に作動して、非Aの決心を阻止し、彼にAを決心させるようになっているが、実際にはジョーンズは非Aを決心しようとせず、Aを決心し、チップは作動しなかったと仮定しよう。実際には、彼の決心を決定・強制する外的な力は作動しなかったのだが、彼が非Aを決心しようとすると、この力は必ず作用するので、彼が非Aを決心することは不可能であった。しかし、現実には外的な力は作用せず、彼は「自分自身で」行為した以上、彼は自分の行為に対して道徳的責任をもつとフランクフルト〔フランクファート〕は言うのである。（一〇ページ）

Aを「偽証」としよう。ジョーンズが非Aすなわち真実を語る（偽証をしない）ように決心しようとすると、脳内のチップによって、彼は偽証をするように決心せざるをえない。だが、実際には彼は躊躇することなく偽証を決心した。この場合、ジョーンズにとって偽証とは別の行為（他行為）の可能性はない。だが、それにもかかわらず、彼は自分自身で偽証を決心したのだから、彼の責任を問えるのである。

久呉はさまざまな検討を加えているが、この結論に異存はない。ただし、ここから重要なことが見えてくる。それは、こうした状況において、ジョーンズが偽証せざるをえないとしても、やはりジョーンズは（硬い）決定論的状況にあるのではないことである。

こうした状況設定のもとに他行為不可能でも有責であるという議論を進めるには、二つのことが不可欠である。第一に、ジョーンズはみずから決心できること、そして第二に、彼は自分が置かれている状況を知らないこと、この二つである。

ジョーンズが脳内に将来の行為の完全なプログラムが埋め込まれている自動人形であって、細部にわたるまで自然因果性によって決定されていたとするなら、彼にはプログラミングされている行為とは別の行為（他行為）は端的に不可能であって、当然彼に責任を問うことはできないであろう。

そうでなくても、ジョーンズが、脳内にチップが埋め込まれていることを知ったとしたら、（このあとの彼の行為は想像が難しいのだが）普通に考えて必ずや試みに偽証しようと決心しようとするであろう。あるいは、そうでなくとも、単純に偽証しないように決心することはないであろう。なぜなら、彼はブラックの企みを知ったあとにも、みずから責任を負うとは考えられないからである。

フランクファートの問題提起は、とにかく決定論が有意味に成立しうるためには、行為者本人が「いかに決定されているか」知らないことが不可欠な条件であることを示している。

決定論者と自由意志論者の言い分

未来は「とにかく」決まっていると主張する決定論者は、何ごとかが生起する前には「どう」生起するかを決して語らないし、語ってはならない。彼は常にその何ごとかが具体的に生起しそれを見届けてからのちに「このように」決定されていたと語るのである。

とくに彼が他人（私）の単純な随意的な身体行為に関して、近い未来において何が生起するか、正確に予言すると、私はその逆のことができてしまう（予言破りの自由）。彼が私に向かって「十秒後にあなたは立ち上がる」と予言すれば、私は立ち上がらないことができるであろう。「十分後に外出する」と予言すれば、私は外出しないことができるであろう。よって、決定論者は、私が立ち上がることを見届けて「すでにそう決定されていた」と語り、私が立ち上がらないことを見届けて「すでにそう決定されていた」と語るのである。

こうした決定論は、これまで情報量ゼロの「空虚な決定論」だと批判されてきた。だが、決定論者が見抜いていたことは、まだ生起していない行為とすでに生起した行為とはまったく異なるということ、いかに自然因果性を認めたとしても、われわれはすでに生起した行為の原因を確定できるだけであり、未来の行為を確定できない、確定してはならないということである。未来はすでに完全に決定されている。だが、その具体的あり方は神の視点からは認識できても、われわれ人間の視点からはけっして認識できない、できてはならないのだ。

自由意志論者は、まさにそういう未来に関する存在論こそ無意味な形而上学であると非難する。自由意志論者は、原理的に認識できないものが存在するという言い方に反対する。原理的に認識できないものは、すなわち存在しないのだ。未来は、われわれ人間の視点から独立に何らかの仕方で決まっているが、われわれが認識できないようなものなのではない。それは「端的に存在しない」と言わなければならない。

こうして、決定論と自由意志論の対立は、そもそも世界は決定されているか否かの対立ではなく、未来のあり方をめぐる対立にほかならない。再度確認すれば、決定論者にとって、未来とはすでに正確に規定されて（決定されて）存在しているが、われわれには認識できないものであるのに対して、自由意志論者にとって、未来とはまったく存在しないものである。

ニュートン力学の威力によって、多くの自然科学者は前者のような未来論を採るようになり、それを定式化したのがラプラスのディーモンである。世界全体の粒子の位置と運動量（すなわち初期条件）とが与えられれば、未来永劫にわたって世界状態は完全に決定できるだろう。たまたま人間には無理であるとしても、そういう能力を持った超能力者（ディーモン）を想定することはできるであろう。

カントにも、ニュートン力学の威力に対する過信が認められる。カントはこの想定を疑いえないものとして確立したうえで、それに加えて自由が認められうるか否かという形で問題を提起している。だから、カントはあくまでも「自由は自然法則を攪乱してはならない」という形で、自由を導入するのだ。

こうして、カントの「第三アンチノミー」におけるテーゼもアンチテーゼも、決定論者の構図の枠内で論述が動いている。だが、同時に、自由の実在論的解釈を整合的にたどっていけば、自由意志論者の構図を読み込むこともできる。いや、それを読み込まざるをえないのである。

以下、立ち入って考察してみる。

現在の行為と過去の行為のあいだの断絶

自然因果性を完全に是認し、かつ自由を理念としてではなく実在として設定するには、われわれがまさに行為をしつつあるときの行為と行為の終わったあとそれを対象化して反省的にとらえているときの行為とのあいだに差異性の楔を打ち込むしかない。ある行為Hが「なされつつあるとき」と「なされてしまったとき」とを峻別すること、この両者を厳密には（ライプニッツの「不可識別者同一の原理」に照らし合わせて）同一と認めないことである。

こう解釈すると、カントが「第三アンチノミー」の「テーゼの注」において、「椅子から立ち上がる」という具体的行為に関して語る一見不可解な記述も理解可能になる。

私が〔例えば〕いま完全に自由であり、必然的に規定する自然の諸原因の影響を受けずに椅子から立ち上がるとすれば、この出来事において、その無限に達する自然的諸結果とともに、端的に一つの新しい系列が始まる。もっとも、時間という観点からは、この出来事はその前から続いている系列の継続にすぎないが。

というのも、その決意とその行為とは、単なる自然の諸結果の経過のうちにはまったく存しないし、自然の諸結果の単なる継続ではない。そうではなくて、この出来事に関しては、規定する自然の諸原因は先の決意と行為のところで（oberhalb derselben）終わっている。（B　四七八）

「第三アンチノミー」の「証明」と「注」を通じて、——奇妙なことに——カントが具体的な人間の行為について語っているのはここだけである。自由が、自然因果性が支配する決定論的世界を攪乱せずに、それから独立に存在することを論じているのだが、単なる二世界論的宣言が長々と続いたあとで、突如出てくる文章（引用文最後の文章）が注目される。それをもう一度切り出してみよう。

この出来事〔椅子から立ち上がろうとする決意と椅子から立ち上がる行為〕に関しては、規定する自然の諸原因は先の決意と行為のところで終わっている。

ここで実践的自由を際立たせるために、「この出来事」を「偽証」という行為に変えて解釈することにしよう。私が偽証する決意をするとき、私の特定の「弱く・邪悪で・憶病で・功利的で・下劣な」経験的性格はすでに形成されていて、その性格を有する行為主体に「これまで」の夥しい外的・内的自然因果性が作用している。同時に、ここには可想的性格としての私も「実在」していて、「偽証すべきでない」ことを知っている。私はこのことを「理性の事実」として意識している。これが、私が行為に出ようとするときの状況である。

このとき、私が「自由である」とは、(a)消極的には、私が自然因果性によって完全に決定されてはいないということであり、(b)積極的には、私がみずから因果性を開始させることができるということ、である。自然因果性以外の何らかの因果性を認めることができるにしても、それはいささかも自然因果性を攪乱してはならないのだから、私は自然因果性と自由による因果性との両方を斟酌して行為に出るのではない。このことはいかにして理解可能であろうか?

時間性にメスを入れるほかはない。まさに行為を遂行しつつある時間と行為のあとにそれを対象化して認識する時間を「別の時間」と解するのである。

根源的な現在

『実践理性批判』において、カントは可想界と可感界という二世界論的構図を維持しつつも、可感界が時間的に規定されているとは、「過去」によって規定されていることであることを明言している。

> 主観の自由と両立しえない自然必然性は、時間条件のもとにあるような物の規定に、したがって現象としての行為主観の規定にのみ属し、よってその限り、この主観の行為の規定諸根拠は過去の時間に属するものに存し、もはや彼の力のうちにないもの（彼がすでになした犯罪行為や、こうした行為を通じて彼自身の眼に映る現象としての自分を規定しうる〔経験的〕性格も、その中に数え入れられねばならない）のうちに存する。（実　一一三）

ある男がなした過去の犯罪行為は「もはや彼の力のうちにない」ものであり、キルケゴールの意味で「反復＝取り戻し（Wiederholung）」不可能なものである。このことには、この行為に至るまでの諸原因がすべて自然因果性によって規定されていることも含まれている。

しかし、これに続いてカントは、可想界が根源的現在にほかならないという解釈に道を開いている。

> しかし、他面で、自分自身を物自体としても意識しているまさにこの同一の主観が、彼の現存在（Dasein）を、それが時間条件のもとにない限り、彼が理性そのものによって自分自身に与える〔道徳〕法則によってのみ規定されうるものとみなす。（実　一一三）

ここにおいて、行為主観を、一方で、時間条件のもとにおける現象として、他方、時間条件のもとにない物自体として解釈することはできるであろう。

しかし、すでに見たように、じつは完全に互いから独立な二世界を立てることは、自由（による因果性）と自然（因果性）とが互いに矛盾なく成り立つための充分な条件ではない。私の行為が未来永劫にわたってあらゆる細部にわたって文字通り決定されているなら、――たとえ私がそれを知らないにしても――私が自由である可能性は消え去るからである。

われわれが過去の行為をすでに決定されていると認めることは、直ちに未来の行為もまた決定されていることを容認することにはならない。とはいえ、未来が完全に開かれているというのではない。行為を実現する「いま」、自然因果性によって未来の行為をあらかじめ決定するという意味においては、われわれは時間条件のもとにはないのである。

行為者は「いま」完全に過去の連鎖から自由であり、このことを、自由な行為に出ようとする「いま」あらゆる理性的存在者は物自体である、と言いかえてもいいであろう。理性からの可想的原因を認識することはできないが、それは疑いなく実在的に作用しているのだ。この意味で、まったく新しいことが湧き出す根源的現在こそ、可想界がむき出しのまま現れてくるときなのである。こうした「いま」に充分注目することなく早々と可想界を設定すること、それは説明のための説明に陥った悪しき形而上学にすぎないであろう。

まさにこの根源的現在において、あらゆる理性的存在は根源的に自由であり、「偽証するべきではない」ことを知っているがゆえに「偽証しないことができる」のである。

理性的存在者にはまさにこの根源的な時としての「いま」が与えられているからこそ、彼は実在的な理性からの命令を完全に受け止めることができる。しかし、おうおうにして彼は「幸福の原理」に従って、それに反するのだ。

とはいえ、彼は自然因果性と自由による因果性とを両掌に載せて考量して、具体的決意と行為に至るわけではない。彼は行為が始まる「いま」という根源的な時に投げ込まれている。それは、自然科学的・客観的時間の一つの時間単位Δtではない。かけがえのない固有の「いま」なのだ。

その「いま」のうちには、自然原因がそのままの形で入り込むことができないことを、カントは「自然の諸原因は先の決意と行為のところで終わっている」と語っているのである。自然因果性の作用が「すでに終わっている」ところに、自由による因果性（可想的因果性）の作用が入り込むわけではない。根源的現在は認識を超えたところにある。

彼は自然因果性によって、すなわち彼がみずから育て上げた経験的性格を背景に、怠惰と弱さを抱えたままで、ある具体的状況に投げ込まれている。彼がほんとうのことを語れば、みんなが不幸になる。彼が偽証さえすれば、みんなは幸せになる。彼にはそのとき「真実のみを語れ！」という理性の命令が聞こえるが、それを採用しないで、偽証をしてしまうのである。

実際には、こういう心理状態が成立しているのではないであろうし、たとえこういう心理状態にあって「心が揺れる」としても、彼はさまざまな経験的自然原因（となりうる要素）のあいだを揺れているにすぎない。

だが、彼が偽証という行為を実現してしまうや否や、この偽証行為に関して根源的現在としての「いま」は消失してしまい、彼は客観的時間における「ある時」に偽証したものとみなされる。そして、その偽証行為は完全に自然因果性によって説明できる。それは、彼の経験的性格の弱さ、粗悪さ、そしてそのときの彼の心身の状態、法廷の雰囲気、他人の視線などであり、その重圧のもとに彼は偽証をしてしまったとされるのだ。

最後に、カントの構図ではなかなか読み解きにくいが、ここであえて事態を逆にして、偽証をしない場合を考えてみよう。ある男は自分の良心と闘い続けたすえ、身の保全のため、家族の安泰のため、偽証をしようとして家を出た。無実の者を罪に陥れることもいとわないと固く心に決めて。だが、彼は証言台に立つと、それまでの決心が音もなく崩れ去り真実を語っていた。彼は、そのとき自分自身が何をしたのかわからず唖然としているのだ。

この場合、彼は理性からの作用を直接受け止めたとしか言いようがないであろう。その後、彼自身にとってさえ自分が「なぜ」偽証を拒んだのかはわからない。あるいは、無理に納得させようとするなら、その原因を自分の心理状態や体調や気まぐれな性格、さらにはそのときの法廷の雰囲気や他人の視線などに帰することができるかもしれない。そして、他人（検事、判事、精神鑑定者など）は彼の行為を、寄ってたかって心理学的、大脳生理学的、社会学的、精神病理学的観点から自然因果性におけるわかりやすい諸原因（現象）に帰そうとするであろう。

だが、このすべては事後的に行為を対象化してとらえる態度とともに出現してくる。彼が何を実現しようと、行為を振り返って対象化して認識する段になると、彼自身も彼を非難（あるいは賞賛）する他人も、可想的原因を「ぬぐい去った」自然因果性における諸原因しかつかみきれないのだ。こうして、われわれがいかなる行為を実現しようと、実現された行為は現象にすぎず、完全に自然因果性によって「決定されていた」とみなされるのである。

第四章　悪への自由・悪からの自由

1　悪へ向かう性癖

実践的自由の可能性

前章では、自由による因果性を実在論的に解釈することで、それが自然因果性を攪乱せずに成り立つことを示した。本章では、あらためて同じ問題を「悪への自由」という視点から考察してみる。まず「宇宙論的理念の解決」における次の文章から検討することにしよう。

したがって、諸現象は、意思を規定する限り、あらゆる意思から自然に生じる結果としての行為

を必然的なものとしなければならないので、超越論的自由の排除は同時にあらゆる実践的自由を抹消するであろう。（B　五六二）

「諸現象が意思を規定する」とは（ここでは、カントはそのつどの行為における具体的な意志を表す「意思（Willkür）」という言葉を使っている）諸現象を支配する自然法則（すなわち自然因果性）が意思を規定するということであり、意思もまた自然因果性に組み込まれるということである。そうすると、われわれの行為はすべて自然必然的になってしまう。意思を生理学的・心理学的な自然現象とみなすとこうなるが、これはもちろんカントの取るところではない。

あくまでも道徳的善悪との関係から見られた自由が実践的自由であるが、その観点から見返すと、超越論的自由とは、道徳的善悪と関係する以前の、すべての行為においての（非適法的行為においてもアディアフォラにおいても成立する）自由と言えよう。それをカントは「みずから何ごとかを始める能力」と規定しているが、具体的には何らかの意図的身体運動（右手を上げる）をひき起こす原因である。だが、この同じ身体運動（右手を上げる）には、自然因果性における何らかの原因が見いだされるはずである。すると、ここに、「右手を上げよう」という「みずから何ごとかを始める能力」に基づく意志と自然因果性との関係が問題となる。

自由意志に基づくあらゆる行為に自然因果性が作用していることは疑いえないのだから、カントはこのことを単に否定しているわけではない。自然因果性を攪乱することなく、「みずから何ごとかを始める能力」としての超越論的自由を認めることができるか否かが問われているのである。

私が椅子から立ち上がるとき、この単純な身体運動を伴う行為Hは自然因果性によってひき起こされると同時に私が「みずから始めている」。Hが自然因果性によってひき起こされることは疑いえないのだから、それに加えて自由による因果性を認めることは、私が（椅子に腰掛け続けるのではなく）椅子から立ち上がることをそのとき、私は「自由に選んだ」ということになる。

しかし、私がそのとき椅子から立ち上がることは自然因果性によって完全に決定されているのだから、同時に私は椅子から立ち上がらないことを選ぶことはできない。とすると、自然因果性を認めながら、それを私が「自由に選んだ」とみなすことはいかにして可能か？

責任論的解釈は、一つの明快な解答を与える。すなわち、私が椅子から立ち上がったあとで、われわれはその行為に「私が自由に選んだ」という新たな意味を付与するのである。

この場合、責任論的解釈を支えている決定論は、次の大枠を外れてはならない。すなわち、私が椅子から立ち上がる行為は完全に自然因果性によって決定されていたのだが、この行為が実現される前にはいかに決定されていたかを語らない。そして、私がこの行為を実現することをもって、そのように決定されていたと語り、同時にそのとき私が「そうしないこと（椅子から立ち上がらないこと）もできたはずだ」という意味（無差別均衡の自由）を与えるのである。

こうした技巧的語り方によってはじめて、超越論的自由は、常に私が具体的な行為を実現することをもって、その行為を現にひき起こした自然因果性と並んで「ひき起こさなかったが、ひき起こすこともできた」原因として、矛盾なく認められる。

だが、このすべてをもってしても、私がそのときはたして自由であるか否かは原理的に検証できない。超越論的自由は、単なる論理的に矛盾のない想定、しかも責任を問う根拠を提示するきわめて有効な想定として「理念」という地位に留まるのである。

実践的に「できたはずだ」ということ

実践的自由は『実践理性批判』以前に、まさに『純粋理性批判』の「宇宙論的理念の解決」に、すでに登場してくる。前に（第三章第1節で）引用した箇所をもう一度見てみよう。

> というのは、実践的自由は、たとえあることが生起しなかったにせよ、当然生起すべきであること、したがって、現象におけるこの生起の原因は決定的ではなかったことを前提し、さらにあのような自然の諸原因に依存せずに、それらの威力や影響に逆らってもあることを産出するような一つの因果性が、われわれの意思ではないところに存することを前提しているからである。（B五六二）

実践的自由とは「たとえあることが生起しなかったにせよ、当然生起すべきであること」を前提する。ここに、「～である」世界に加えて、新たに「～すべき」世界が、すなわち実現された行為とは別に、何も実現されなかったのだが「実現されるべき行為」が登場してくる。

実現されるべき行為は、ある時点Δt_1で実現された行為Hの生起とともに、反射的に~Hも「できたはずだ」という無差別均衡の自由ではなく、あらかじめ理性からの命令による「~すべき」価値の磁場が開かれていて、その磁場のもとにおいて道徳的に「よい」と判定される行為である。

理性的存在者としてのわれわれ人間には、理性の命令による「嘘をつくな」という価値の磁場がはじめから開かれている。よって、私はいつでもいかなる状況においても、嘘をつかないことができるはずなのだ。

こうして、すでに（第三章第1節で）確認したように、責任論的解釈は実践的自由にぴったり寄り添って成立している。私が実践的意味において自由であるとは、あくまでも私はそのとき自由であったことであり、私はそのとき嘘をつかないことができたはずだということである。

それに反して、まさにそのとき私は嘘をついてしまった。つまり、私はあえてすべきでないことを選んでしまったのだ。この選択は、私が右に行くことも左に行くこともできる、という互いに対等な選択肢のあいだに成立する無差別均衡の自由とは異質のものである。私は「嘘をつくな」という理性の命令を絶対的に妥当するものとして知りながら、それと反対のことを選択したのであるから。

ところで、理性＝道徳法則は幻想ではなく、実在的なものである。よって、私の自由（選択）も単なる理念ではなく、実在的なものに意図的に反する実在的なものである。

実践的自由と決定論

しかし、よく考えてみよう。はたして、実践的自由は自然因果性と抵触しないのであろうか？　この問いに対する答えは、自然因果性をどうとらえるかにかかっている。そして、もしわれわれが自然因果性によって文字通り未来永劫に亘るまで完全に決定されているのだとすれば、実践的自由は成立しないように思われる。

その場合、理性から「真実を語れ」という命令が下っても、私はそれを寸毫も実現できないはずである。あるとき（t_1）、偽証するように自然因果性によって完全に決定されているにもかかわらず、そのとき（t_1）私が理性の命令を聞くことによって偽証しないことができてしまうのなら、理性を原因とする自由による因果性は自然因果性を攪乱することになってしまうからである。

だが、自由による因果性が自然必然性の作用にまったく手を出せないとするなら、それにもかかわらず、理性が私に「偽証するな」と命ずるとはいかなることなのか？　自然因果性によって完全に決定されている限り、私はその命令に原理的に従いえないのだから、それは単なる文字の羅列、スコラ哲学者の言う「風になった声（flatus vocis）」にすぎないであろう。こうして、じつのところ二世界論（可想界と可感界）を持ち込むことによっては、自然因果性と自由による因果性はうまく両立できない。

では、どうすれば両立できるのか？　いかなる行為も、それが生起するさいには、自然因果性によって完全に規定（決定）されているのではないとみなすことである。すなわち、自然因果性がわれわれの行為をことごとく支配しているとは、それが未来永劫にわたってわれわれの行為をあらかじめ決定しているという意味ではなくて、いかなる行為もそれが生起するさいには根源的に自由であるが、それがいったん実現されれば、その諸原因を自然因果性によって完全に確定できるという意味なのである。

ここであらためて確認しておくと、こうした基本構図によって成立しているものが、自由の責任論的解釈に対する自由の実在論的解釈にほかならない。

われわれ人間は、いかなる状況においても、道徳的に善い行為を原理的に実現しえないわけではない。もしわずかにも道徳的に善い行為をわれわれが実現しえないように、自然因果性があらかじめ完全に決定しているのだとしたら、（たとえわれわれがそれを知らなくとも）カント倫理学の全体は崩壊してしまうであろう。

さらに、魂の不滅を要請すること、神の現存在を要請すること、最高善を求めることそれ自体が、原理的に到達不可能な目標に挑戦する虚しい営みになってしまうであろう。

付言するに、確かに理性はいかなるときにも嘘をついてはならないというように、ほとんど実現困難と思われることでさえ命じることがある。先に（第二章第3節で）確認した「きみはできる、なぜならすべきだから」とはこのことである。

しかし、――きわめて重要なことだが――、理性は、「過去に戻れ」とか「同時に空間の異なった二点に位置せよ」とか「いかなる自然原因にも基づかない行為を実現せよ」といったような、自然因果性や自然法則に矛盾すること、あるいは理論的に不可能なことを命じることはない。実践的意味において「できる」ことは、経験的意味において「できる」ことを凌駕する場合もあるが、じつは理論的ア・プリオリな意味における「できない」の枠内に留まるのである。

ヴォカンソンの自動機械

ここで視点を変えて、もし人間が実践的意味で自由でないとすると、どういうことになるか考えてみよう。われわれ人間は自分では自由に行為していると信じているが、じつは神が製作した自動機械にすぎないと想定してみよう。カントはなかなか面白い例を挙げている。

もしわれわれの意志の自由が精神的自動機械の自由（例えば、心理学的自由あるいは比較的な自由であって、超越論的自由であるとともに絶対的な自由ではない）とすれば、一度ゼンマイを巻けばみずから運動を続けるような回転焼串機の自由と変わりはないであろう。（実　一一三）

すると、人間はからくり機械の最高の親方によって組み立てられ、ゼンマイを巻かれたマリオネットかヴォカンソンの自動機械となるであろう。そして、その自己意識は、なるほどその自動機械を思惟する自動機械にはするであろうが、そこにおける自発性の意識は、それが自由とみなされるならば、ただの錯覚にすぎないであろう。（実　一一七）

人間は単なる機械であり、ただその製作者（神？）が仕掛けたカラクリ通りに動いている「物質的自動機械（Automaton materiale）」あるいは「精神的自動機械（Automaton spirituale）」にすぎない。その場合、人間はあらゆる行為の細部に至るまで、製作者がゼンマイを巻いた通りに動くだけであるから、彼が実現するいかなる行為にも（いかにそれが自由に見えようと）自由はない。よって、たとえ彼が犯罪行為に及んだとしても、責任はそういう行為をひき起こすように彼を作った製作者にあり、彼にはない。

人間の諸行為はその規定根拠を、まったく彼の力の外にあるものの中に、すなわち人間の現存在と彼の因果性による規定がことごとくそれに依存するような人間とは異なる最高存在の因果性の中に持つことになる。（実　一一七）

前章で詳論したが、カントは自動機械の例を挙げることによって、こうした意味での決定論（スピノザ説）を徹底的に斥けていることがわかるであろう。ここで重要なことは、たとえわれわれ人間の誰一人として原理的に自分が自動機械であることに気づかないとしても、こうした想定においては、自然必然性から独立の自由をとらえることはできないということである。

人間は原理的に悪い行為が「できる」のでなければならない

以上を考慮して人間を見返してみれば、ある男が悪い行為をひき起こした場合、一方で、「質の悪い教育、不良仲間、一部は生まれつきの恥知らずの意地悪さ、そして他の一部は軽薄や無分別」（B 五八二）など、膨大な自然原因を突き止めることができるとしても、他方、彼が精神的自動機械ではない限り、彼に責任を問うことができるのである。

だが、以上のことは誰にでもわかる月並みな真実である。カントは、人間はゼンマイ仕掛けのマリオネットではないと宣言することによって、さらに重要なことを言いたいのだ。すなわち、人間が精神的自動機械でないということは、たとえ彼が適法的行為さらには道徳的に善い行為を実現したにせよ、それは自動的に生起したものではなく、彼は原理的に非適法的行為あるいは道徳的に善くない行為をも選択できる状況で、それを選択したということである。

先に、もしわれわれ人間が道徳的に善い行為を実現できないようにあらかじめ自然因果性によって決定されているなら、自由による因果性がはたらく余地はなく、理性の命令も虚しいということを確認したが、まったく逆に、もしわれわれが常に外形的に善い行為（適法的行為）を実現するようにあらかじめ決定されているとするなら、われわれはゼンマイ仕掛けの自動機械と変わることはなく、道徳的に善い行為をしたのではなくなるのである。

ある男が偽証の誘惑に打ち勝って真実を述べたときでも、彼はゼンマイ仕掛けの自動機械のようにその行為を自動的にひき起こしたのであってはならない。彼は偽証すること、すなわち道徳的に悪いことをもできるという状況において、道徳的に善い行為を選ぶことができたのである。いかなる聖人君子の行為であろうとも、人間の行為である限り、道徳的に善くない行為、さらには悪行をもできる状況がそこに開けているのでなければならない。そうした状況で彼が非適法的行為ではなく適法的行為を、道徳的に悪い行為ではなく道徳的に善い行為を選んで実現するからこそ、その行為には道徳的価値があるのだ。

以前（第三章第1節で）引用した箇所をふたたび検討してみよう。

　行為が以上のこと〔行為者を悪行に至らしめたさまざまな自然因果性〕によって規定されているとみなすとはいえ、それにもかかわらずわれわれは行為者を非難する。（中略）というのは、行為者の以前の行状がどうであろうと、それを度外視でき、過ぎ去った諸条件の系列を生じなかったものとみなすことができ、当該の行為を、あたかも行為者が行為の諸結果の系列をまったく新たにみずから始めるかのように、以前の状態についてはまったく無条件的とみなせることを前提しているからである。（B　五八三）

自然因果性が現象における諸原因を過去へと遡及的にたどっていくのに対して、自由による因果性はそれを切り捨てる。現に生起した自然現象としての行為の諸原因、すなわち個々の自然原因や邪悪な経験的性格などを「度外視でき」さらには「生じなかったものとみなすことができる」なら、そして、同じ行為を「新たにみずから始めるかのように」みなすことができるなら、ここに理性を原因とするもう一つの因果性である自由による因果性の可能性が開かれる。

とはいえ、われわれは現に自然因果性を消去することはできず、ただ行為を「新たにみずから始めるかのように」みなすだけである。これが行為の発現する「いま」、すなわち根源的現在という場にほかならない。

そこでは、理性からの因果性がむき出しに（実在的に）作用し、同時にさまざまな自然因果性も作用している。だが、両因果性がいかなる関係にあるのか、両者はそれぞれどれほどの割合で行為の実現に寄与しているのかは、まったくわからない。その中で明晰にわかっているのは、そのとき私がマリオネットではなく自由である限り、私は理性からの作用を受け止めながら、それに反することができるということ、すなわち「悪への自由」を有するということである。

私は行為の現場において、自然必然的に、何か（神？）に操られたマリオネットのように自動的に善い行為を実現するのではない。私は、その根源的現在という場で、悪い行為を実現できる。そして——きわめて重要なことだが——、私は適法的行為ないし道徳的に善い行為を実現する場合でさえも、それをしないで悪い行為を実現できるという状況において、善い行為を実現するのである。

すべての人間は根本悪に陥る

カントは、『宗教論』の第一篇「善の原理と並ぶ悪の原理の内在について、すなわち人間の自然本性のうちにある根本悪について」において、正面から悪の根拠を論じている。

　したがって、意思を傾向性によって規定する客体、つまり自然衝動のうちにではなく、意思がみずからの自由を使用するために自己自身に課する規則、すなわち格律のうちにのみ、悪の根拠は存しうる。（宗　二一）

悪の根拠は、自然衝動すなわち傾向性そのもののうちにはない。それは人間がその傾向性をいかに扱うかのうちにある。すなわち、「誠実性の原理」を「幸福の原理」より優先する格律を採用すべきであるのに、逆に「幸福の原理」を「誠実性の原理」より優先する格律を採用することによる。それをカントは「転倒（Verkehrtheit）」と呼ぶ。

　したがって、人間は動機をみずからの格律に採用するにあたってこの動機の道徳秩序を転倒するが、このことによってのみ人間は〔最も善い人間でも〕悪である。（中略）なぜなら、道徳法則が自己愛の満足を条件づける最高のものとして意志の普遍的格律のうちに唯一の動機として採用されるべきであるのに、〔逆に人間においては〕道徳法則に従うことは、自己愛の動機とその諸傾向性によって条件づけられたものとされてしまうからである。（宗　三六）

われわれ人間における悪の根拠は、道徳法則（「誠実性の原理」）をいっさい投げ打って徹底的に自己愛（幸福）のみを求めることではない。そうではなくて、あくまでも「幸福の原理」を第一にし、それを妨げない限りで第二に「誠実性の原理」に従う、という転倒した格律を採用することなのである。

このことは、「幸福の原理」を（カントが「幸福の原理」と同視している）「賢さの原理（Prinzip der Klugheit）」に置きかえるとよくわかるであろう。カントが考えている悪は、共同体を震え上がらすような悪魔的悪行ではない。むしろ、共同体の中で巧みに生き続けていくときに次第に個々人の体内に沈殿していく悪である。

根本悪に陥っている典型的な人間の姿とは、カントが『人倫の形而上学への基礎づけ』で挙げたすべての事例において合格している。すなわち、自殺を試みず、守れない約束はせず、他人に親切で、みずからを高めようと刻苦精励している。いやそればかりか、きわめて知的で、外見も魅力的で、物腰もとても感じがよく、優れた判断力を持っていて、しかも決して奢らず、周囲の人々に対する思いやりがある「立派な人」である。

しかし、彼（彼女）は、そのすべてを第一に「そうすべきだから」ではなく、そうすることが快適であるから、信用を勝ち得るから、あるいは他人に好感を持たれるから、行っている。言いかえれば、自分が不快にならないために、世間から信頼のおけない人間と見られたくないために、他人からつまはじきにされたくないために、行っている。

ここに重要なことは、彼（彼女）は自分の心のうちをいかに探っても、「そうすべきだから」という

「誠実性の原理（道徳法則）」と「幸福の原理」とのせめぎ合い（転倒しているか否か）を確認することはできないであろう。

彼（彼女）が試されるのは、先に（第二章第3節で）考察したパレーシアの状況でどう行為するかのみである。すなわち、彼（彼女）が、自分に決定的な不利益が襲ってきても、生命をはじめあらゆる幸福を失っても、真実を優先するか否かということである。これができず、まさにそのとき「幸福の原理」を優先するなら、彼（彼女）はそれまでいかに「誠実性の原理」を守ってきたようなそぶりをしていても、それら適法的行為はまったくの「外見だけ」であり、そのうちに潜む道徳的善さはゼロであると見ていい。

まさに、この変わり身のはやさ全体を「賢さの原理」が支配している。彼（彼女）は誠実な男（女）である。だが、それは自他の幸福が脅かされない限りである。その場合に限って、彼（彼女）はどこまでも誠実（そう）な態度を選択するのだ。彼（彼女）は賢い人である。そして狡い人である。

こうした転倒は根本的であり、カントはこれを「根本悪（das radikal Böse）」と呼んでいるのだ。つまり、根本悪とは、あらゆる人間のうちに最も普通に見られる、しかし最も根絶することが困難な、その意味で人間存在に根づいた悪のことである。

とはいえ、文字通り「誠実性の原理」を第一に、「幸福の原理」を第二にして、道徳秩序を転倒しないで生きようとすると、われわれはいかなる共同体の中でも生きていけないであろう。われわれは、自分あるいは自分の大切な他人の（生命を中核とする）幸福が侵害されない限り、「誠実性の原理」を第一にし、「幸福の原理」を第二にするが、それが侵害される恐れがあると察知するや否や、両原理の転倒を企てて、「幸福の原理」を第一にするのである。

それにもかかわらず、人間は根本悪から抜け出すことができる

では、なぜわれわれ人間は、第一に「誠実性の原理」、第二に「幸福の原理」という秩序を保つことができずに、これを転倒して根本悪に陥るのか？　まさにわれわれがそれを選択するのであるが、われわれはこれをまったく自由にいわば真空の中で選択するのではない。われわれが転倒した秩序の格律を選択することは、完全に決定されているわけではないが、われわれはこうした選択をするような場にもともと投げ込まれている。こうした場をカントは「性癖」と名づける。

私は、性癖（Hang, propensio）を人間性一般にとって偶然的な限りでの傾向性（習性的欲望）を可能にする主観的根拠と解する。性癖は確かに生得的でありうるが、そうしたものとして表象される必要はなく（それが善い場合は）獲得されたものとして、あるいは（それが悪い場合は）人間自身によって招かれたものとしても考えうるという点で、素質とは異なっている。（宗　二八〜二九）

ここで、カントは性癖の微妙なあり方を正確に語っている。それは、生得的でありうるが、何らかの仕方で本人が選んだ結果としての習性である。カントは次の注において「性癖とは本来ただある享

楽の欲求へと向かわせる素因にすぎない」と言う。そして、未開人がたとえ目下のところ酒に酔う快楽を知らないとしても、もし知ったらほとんど根絶しがたくこの欲望を持つ、という例を挙げている。すなわち、われわれ人間には、たとえそれが顕現していなくても、本来、「誠実性の原理」をさしおいて「幸福の原理」を第一にする格律を選択させるような性癖があるのだ。これが、すべての人に与えられた根源的状況である。そして、この根源的状況に基づいて、各人はそれぞれ固有の性癖を形成していくのだ。Ａは悪への傾きが少ない性癖を、Ｂはそれが多い性癖を。

こうして見ると、性癖とは、さまざまな経験的性格を産み出す根源的条件（悪への傾き）と言いかえることができよう。われわれは人生行路においてみずから経験を重ねていくうちに、ある程度決定された諸条件（遺伝子や幼児環境など）のもとで、やはりみずから固有の性格を築いていくのである。

この場合、本来性癖は（善の方向へとではなく）悪の方向へと傾斜していることが重要である。悪への傾斜は、「幸福の原理＝賢さの原理」に従って、人間として自然にふるまえばそれでいいのだから、その意味で人間という有機体にとって、社会的存在者にとってごく自然であり、そこにとくに倫理学の研究に値するものはない。

しかし、われわれ人間が自然の傾斜に逆らって、道徳法則や「誠実性の原理」に従いうることは、きわめて不自然で不思議なのであり、倫理学の厳密な研究に値することなのである。

2　性癖からの自由

われわれは道徳的に高まりうるのでなければならない

これまでの考察を振り返れば、人間の行為はそれがいったん実現されれば、自然原因によって「ひき起こされたもの」とみなすことができ、この意味において自然因果性に支配されているが、とはいえ実現される前あるいは実現されるさいに、自然因果性に抵抗しえない仕方で支配され規定されているのではない。

ある人間が何らかの行為に出ようとする場合、彼（彼女）は根源的現在という特権的場にあり、自然因果性は「こうした決意と行為よりも前にすでに終わっている」（B　一三二）。「すでに終わっている」とは、彼（彼女）は、すでにt_1↓t_2↓t_3……という時間順序におけるt_1とt_3に挟まれたt_2という意味における現在にはいない、ということである。こうした現在は行為を対象的にとらえるときに生じてくる現在にすぎない。

ある人間が、これまでいかに悪質の経験的性格を築き上げていようとも、彼（彼女）は「いま」性癖の傾斜する方向とはまったく反対に、理性の命令だけを聴き、自由による因果性の作用のみを受け止めて、まったく道徳的に善い行為を実現することができる。「いま」という根源的な時、それはまったく新しいことが湧き出す現場である。そのダイナミズムは、誰にもわからない。それは「これまで」

の世界からの自然因果性の作用が「すでに終わって」いて、まったく自由な状況（超越論的自由）が開かれ、そこに理性を原因とする自由による因果性も作用している場であり、その意味でいかなる行為が実現されるのか、まったく予測不可能なときである。

この現場において、いかなる極悪人（強姦常習者、放火常習者、殺人常習者、偽証常習者）も、あるいはいままで道徳法則を尊敬することなどまったくなく、ひたすら「幸福の原理」を第一に掲げて行為してきた男（女）も、あるいはいままで外形的に善いこと（適法的行為）を実現することに汲々とし、その動機はいつも「賢さの原理」に従ってきた男（女）も、「いま」自分でもなぜかわからず、これまで実現した諸行為からまったく独立に、まったく新しい行為に出ることができるのだ。

偽証しないで真実を述べることが当人にとって何の利益にもならず、かえって不利益を被ることを知りながら、自分でもまったく予測できない仕方で、ふっと真実を述べてしまうことがありうる。

しかし、「いま」まったく自由な状況が開かれていることは、まったく逆に、これまで一心に道徳的高まりに励んできた者でも、まさにそのとき道徳的に悪い行為に走りうることをも意味する。そして、いずれの場合も、行為が実現されてしまえば、それは自然因果性によって「あらかじめ完全に決定されていた」ごとく説明することができるのである。

ここでふたたび単純な疑問を提示する。もしわれわれ人間がいかに努力しても悪に陥る以外にないのなら、自分自身に対する義務である「道徳的に高まる」ことは不可能となろう。

ショーペンハウアーはそう考えていた。各人の経験的性格は、生まれつき決定されており、その後の人生において変わりはないのである。いかなる教育も効果はなく、いかなる環境も影響を与えない。とすると、ある種の人は、あるいはわれわれ人間のすべては、いかに努力しても悪に陥るしかなくなる。

ショーペンハウアーは、自然因果性が支配する「表象としての世界」を超えたところに「意志としての世界」を認めた。それこそ、単なる自然科学的時間順序としての現在ではなく根源的な「いま」が開示される時である。だが、その「いま」さえも、ショーペンハウアーにとっては、「意志」によって翻弄される盲目的な場にすぎないのである。

こうした見解は、カント倫理学の全体と相容れない。

性癖に身をゆだねる自由とそれに逆らう自由

注意すべきことであるが、理性の命令は自然法則（自然因果性）から独立に下されるが、とはいえそれは自然法則に反することはない。理性は、「同時に二つの場所に存在せよ」とか「水の上を歩け」というような自然法則に反することを命じはしない。まったく同じように、理性は「幸福を求めるな」という自然法則に反することを命じない。

これを裏側から見なおせば、理性は、「いつも一つの場所に存在せよ」とか「重力に従え」というような自然法則的に当然のことを命じないように、「幸福を求めよ」という自然法則に適ったことを命じもしない。

理性は自然法則にそのまま従えば容易に実現できることではなく、自然法則に反することでもなく、もちろん結果として自然法則に従っているのではあるが、さしあたり完全に予測はできず、努力をすれば実現できないわけではないが、実現がきわめて困難なことを命ずる。それが、「常に道徳的に善い行為をせよ」という命令であり、「常に道徳的に高まれ」という命令なのである。よって、われわれ人間は「常に道徳的に善い行為ができる」のでなければならず、「常に道徳的に高まりうる」のでなければならない。

確かに、各人は生まれつきの遺伝的素質や生まれ落ちた環境のほかに、行為のたびごとに具体的に何かを選び、同時に何かを選ばないことによって、固有の経験的性格を築き上げる。経験的性格とは、ある人間に固着した道徳的に善いあるいは悪いラベルなのではない。それは、刻々と変わりうる――場合によっては一気に反対にも変わりうる――あくまでも可塑的なものである。

個人Ａは比較的道徳的に善い行為を実行する性格を確立し、Ｂは比較的道徳的に悪い行為を実行しやすい性格を拵え上げたとしよう。それでも、Ａは次の瞬間に信じられないほど道徳的に悪い行為に走るかもしれず、Ｂは眼も覚めるほど道徳的に善い行為を実現するかもしれないのだ。

ＡとＢは、いつでも次の瞬間に、自分でもとうてい理解できない行為を遂行しうるのであり、いつでもそれを機縁に、性格そのものが変わっていくかもしれない。同一人物の性格も、その性格のもとで実現される個々の行為も、絶えず変化しうるのである。

「性癖（傾き）」という概念は、その映像的意味をもって新しい観点を提供してくれる。すなわち、われわれが道徳的善への配慮なく漫然と生きている限り、われわれはごく自然に悪へと下降していく、悪を増大させていくということである。だが、われわれは樽が転がるように、坂道を転げ落ちるのではない。われわれは、樽と異なって性癖の坂を転がらずに食い止めることができる。さらには、逆方向に上昇することさえできる。その限り、自然な転落でさえ、こうした努力を放棄していることであり、自由に選んでいることであり、責任があることなのだ。

「幸福の原理」を第一に、「誠実性の原理」を第二にし、「転倒」して生きていくのは、樽が坂道を転がり落ちるように自然であり、たやすい。だが、「誠実性の原理」を第一に、「幸福の原理」を第二にして、本来の順序を回復して生きていくのは、あたかも樽が坂道を重力に逆行して上昇するように、ほとんど不可能に見えるほど難しいのである。

われわれ人間が自由であるとは、善へ向かう自由に悪へ向かう自由がぴったり張り付いているということである。われわれは悪への自由があるからこそ、善への自由がある。われわれは、悪を自由に選びうるからこそ、善を自由に選びうるのだ。

こうして、カント倫理学の要をなす「意志の自律」という概念には、性癖からの自由、すなわち重力に逆らって独力で坂を上昇する（善への）自由が前提され、さらにそれには坂道を転がり落ちることをみずから選ぶ（悪への）自由が前提されているのである。

3　神の現存在の要請

魂の自由と不死

『実践理性批判』は「魂の不滅の要請」と「神の現存在の要請」という二つの要請で終わっている。魂の不滅の要請に関する理論は単純明快である。理性は道徳的完全性を命じるが、われわれの人間としての生命はたかだか百年である。だが、理性の命令は人間の寿命という経験的かつ偶然的事実に優先するから、前者が後者にではなく、後者が前者に適合しなければならない。とすると、われわれは無限の道徳的高まりを実現するために無限の時間を必要とし、生物体としての死によって終わることのない無限の生命を要請することになる。

これは認識ではない。といって、ただの想定でも仮説でもない。人間が理性的であるとすると、人間はいわば分析的に魂の不滅を要請するのである。

だが、この論証はきわめて粗っぽい図式をあてがっただけの悪しき形而上学にすぎないのではないか？　われわれ人間がどこまでも道徳的完成を目指す理性的存在者であること、さらには生物体として与えられた時間においてはそれに達せられない劣等な理性的存在者であることも、承認できる。だが、これらのことから「魂の不滅」の要請に移行することに対しては、たちまち次のような単純な疑問が湧いてくる。

(1)死後の魂が時間的に「存在する」ことの意味が不明である。

(2)魂が道徳的に高まりうるためには、少なくとも自由意志を有していること、さらに何らかの意味で道徳的に善い行為を実現できるのでなければならないはずであるが、肉体消滅後このことはまったく理解不能である。

(3)さらに、道徳的完成に無限の時間がかかることは、とりもなおさず死後の魂は永遠に道徳的完成に至りえないことを意味する。としたら、たとえ魂が死後永遠に存在するにしても、道徳的完成という理念は原理的に実現されないことになろう。

他にも数々の疑問を挙げることができるが、ここまでで充分であろう。まさにカントは理性的存在者に対して理性を超える解答を提示したのである。カントは『純粋理性批判』の「誤謬推理」において、魂の不滅を無批判に「証明」しようとする哲学者たちに反対して、その自称証明が誤謬推理にほかならならないことを示した。しかし、それに代わってカントの提示する魂の不死の「要請」は、こうした証明よりさらに不備が目立つ粗雑な形式的推論になってしまったように思われる。

最後に、魂の不滅の要請に関しては、一つ重要な指摘をしなければならない。それは、人間が完全に自然因果性によって規定されていて、その自由意志が虚妄とするなら、われわれは動物と同様に機械にほかならず、そもそも「魂の不滅」の問題は生じないということである。魂の不滅の要請が成立するためには、人間の魂（意志）が自由であることが絶対に必要なのだ。

カントは神、魂の不滅、自由を理性が抱く三つの実践的関心とみなすが、そのうち自由のみを単なる理念ではなく、実践的意味で実在するものとみなした。これに呼応して、道徳法則は実在的な法則であり、善は単なる要請ではなく認識の対象となる。だが、神と不滅の魂は実在（現存在）するのではなく単なる理念に留まり、その把握は認識ではなくせいぜい要請に留まる。

カントは、実在する自由を通じて不死や神の現存在を要請するという独自の通路を開発した。われわれが自由であることは、単に倫理学の確立のため（人間という行為主観に責任を課するため）に必要であるのみならず、魂の不滅や神の現存在を要請しうるためにも絶対に必要だったのである。

人間の不完全性と神

『実践理性批判』の終結部分に、カント倫理学の真髄が隠されている。

カントが倫理学においてなぜかたくななまでに実質を拒否し形式にこだわったのか？　なぜあえて内容のない道徳法則を立てたのか？　なぜ意志の自律にそれほどまでの価値を置いたのか？　なぜ、われわれが道徳的善さを実現するには、急勾配の性癖に逆行して上昇するという過酷な仕方しかないのか？

これらの疑問は、本書のここまでの議論である程度解明されたが、「神の現存在の要請」における「神の配慮」というカントの思想をしっかり受け止めることによって、はじめて鮮明なものとなる。

ところで、仮に自然がこの点でわれわれの願いにそって、われわれが所有したいと願っている、あるいはいくらかの人たちが現に所有しているとさえ思い込んでいる洞察力あるいは英知をわれわれに分配していたとするなら、その結果どういう光景が見られることであろうか？（実　一六八）

ここで、カントが「自然」と呼んでいるものを「神」に置きかえれば、直ちに神学（とりわけ「弁神論」）に移行するであろう。われわれ人間が善悪に関してそれほど鋭い判別力を具えていないからこそ、われわれは刻苦精励して迷いつつ必死にそれを求めるのだ。

われわれに与えられているのは、格律を道徳法則へ昇格させる定言命法という抽象的な判別方式、および同じように抽象的な（具体的内容が多岐にわたり見通せない）「誠実性の原理」だけである。これらの乏しい所与からすべてを引き出すこと、それが人間に担わされた課題なのであり、こういう仕方で勤勉に道徳的善さを求めることが、愚かで怠惰な人間、すぐに安寧や幸福を求めてしまい、誠実さを忘れてしまう人間には絶対に必要なのである。

人間が道徳的善さに至るのはきわめて困難なのであるが、その理由はこうした人間を創造した神を想定すれば、納得できることであろう。

われわれの全自然本性がすぐにでも変わってしまわない限り、いつも最初に発言する諸傾向性は、まず第一にその自然本性の満足を、そして理性的な考察と結びついてその最も可能性のある永続きする満足を、幸福の名のもとに要求するであろう。そして、こうした諸傾向性にそれぞれふさわしい制限をつけ、諸傾向性のすべてをさらに高次の、もはやいかなる傾向性をも顧慮しない目的に従わせる道徳法則は、やっとあとから発言するだけであろう。〔実　一六八〕

「幸福の原理」〔諸傾向性を満足させること〕を第一に、「誠実性の原理」〔道徳法則に従うこと〕を第二にする、転倒した人間の自然本性が変わることはない。とすると、このままの自然本性を維持したまま、人間に道徳的善さへの洞察力を与えると、人間はますます賢明にこの転倒した秩序を維持したまま、道徳的善さを実現しようとするであろう。ますます傲慢になり、ますます転倒した秩序に拍車をかけるであろう。

道徳的心意と神

とはいえ、いたずらに厳格すぎる神でも、人間のうちなる道徳的心意は育たない。

〔厳格すぎる神のもとでは〕もちろん道徳法則への違反は避けられるであろうし、命令されたことはなされるであろう。だが、そこから諸行為が生起するべき〔道徳的善さに対する〕心意は、いかなる命令によっても協働することはないであろう。

> 行為者の活動を刺激するものはここにあるが、それは手許にあって同時に「そと」にある。よって、理性はまずもって〔道徳〕法則の威厳を表象させることによって、諸傾向性に対抗する力を凝集するようにみずからを高める必要はない。すると大部分の合法則的行為は恐怖に基づいて、ごく少数は希望に基づいて生ずるが、義務に基づいて生ずることはまったくないであろう。（実一六九）

この引用箇所は、カント倫理学の隠された要石であると言っていい。「義務からの」という道徳的善さのメルクマールも「恐怖から」や「希望から」と対置されてはっきり示される。道徳的善さの中心に位置するものは、あくまでも自発的に道徳的善さへと向かうわれわれの「心意（Gesinnung）」であって、結果として道徳的に善い行為を実現することではないのだ。

たとえある人が道徳的に善い行為を実現するとしても、厳格な神の処罰を恐れてそれをなすのだとすれば、彼はやはり「そと」から強制されて道徳的善さに至ったのであって、「うち」から自発的に道徳的善さに至ったのではない。この場合、道徳的価値はまったく存在しなくなる。

あるいは排他的かつ熱狂的な宗教共同体において、あるいは隅々まで監視の行き届いた全体主義国家において、もはやその成員は身体に染みついた恐れゆえに、いかなる（いわゆる）「悪いこと」もできなくなる。

この場合、人間は悪への自由（性癖）という根源的場において、それにもかかわらず性癖に抗して道徳的に善いことを実現するのではない。彼は常にまったく自動的に（外形的に）道徳的に善いことを実現してしまうのだ。こうした人間には悪への自由がないゆえに、道徳的善さへの自由もない。人間から本来の意味での自由は剝奪され、人間は実質的に神（権力者ないし権力団体）が製作したマリオネット、すなわち道徳的善さに対する自発的心意がまったく存しない精神機械にすぎなくなってしまう。

　こうして、カントによれば、神が存在するとしたら、その神は人間に対して甘やかしすぎもせず厳格でありすぎもしないように、すなわち人間がみずからの「うち」から刻苦精励して道徳的善さを見いだすしかないように、人間を創造したのである。

最高善

　われわれ人間は「誠実性の原理」を第一にし、「幸福の原理」を第二にするように理性によって命じられている。ということは、幸福を捨て去ることが命じられているのではなく、この秩序＝順序を守る限りで、幸福を追求せよと命じられているのである。

　だが、これは至難の業であろう。「幸福の原理」は、ともすると、「誠実性の原理」を踏み超えてみずからを貫こうとする。わが子にピストルが向けられ、もし真実を語ったら発砲するぞと脅かされるとき、迷うことなく真実を語る親はいない。踏み絵を踏まなければ村の者をすべて磔にすると言われて、躊躇しないキリシタンはいない。しかし、それでもなお理性は、最高善を、すなわち誠実性を第一にし、幸福を第二にするような道徳性と幸福との一致を求めるべきだと命ずる。

こうして、われわれは最高善を求めれば求めるほど、それを実現する困難さに絶望せざるをえない。そして、われわれをこういう状況に投げ込んだ根拠（神）に「なぜこのように残酷に引き裂かれた者を創ったのか？」と問わざるをえない。

だが、これだけでは単なるニヒリズムであろう。

（『聖書』「ヨブ記」の）ヨブのように、われわれは「なぜだ？」と問い続けるほかはない。なぜ、私は（人間という）このように居心地の悪い者に創られたのか？　悪への性癖のうちにありながら、善を求めるという途方もない仕方でしか、「誠実性の原理」を第一に「幸福の原理」を第二にするという転倒をたえず犯しながらでしか、道徳的善に向かいえない者に創られたのか？

答えはわからない。しかし、われわれは「なぜだ？」と問えば問うほど、最高善がわれわれ人間の側の努力によっては、けっして到達できないことに気づくようになる。それは、あくまでも最高善を実現している存在者から「与えられる」。そして、最高善を実現している存在者は、神以外に考えられないのである。

……われわれは神の意志と一致することによって、最高善に到達することを希望しうる（hoffen könne）。（実　一四九）

こうして、われわれは最高善の実現が肉体をまとった人間の姿のままでは困難いや不可能であるとの自覚を通じて、魂の不滅と並んで神の現存在を「要請」する。したがって、神の現存在の要請とは単なる要求ではない。願望ではない。しばしば方向を失い五里霧中のうちに迷い、しばしばパレーシアの過酷な状況によって試されても、全人生（生命）を懸けて、最高善の達成を（すなわち神の現存在を）「希望」し続けることである。

ここに、要請から信仰への道が自然に開かれてくるであろう。

附録　カントとラカン

ラカンのワークショップ（二〇〇七年七月二十八日、於東京大学教養学部）に、三人のパネリストの一人として参加した。

ラカン（ラカン研究者）の眼を通したカントはなかなか啓発的であったが、同時に「またか」という感想を抱いた。それは、うすうす予感ないし予想してはいたのだが、ラカンも、ラカン研究者たちも、カントがまったく語っていないことをさも語っているかのように論じて、平然としていることである。カントの名のもとに「深遠なこと」をえんえんと論じているのを見聞して、（他にとりえのない「カント屋」としては）その解釈のシャープさに敬意を抱きつつも、本来のカントが無視されているようでもあり、複雑な気持ちであった。

というわけで、会場から次々に湧き上がる「カントはもっと深いことを語ったはずだ」という熱心な反論にもめげずに、再反論したが、やはり納得してもらえなかったように思う。私ごときが何を言っても、依然としてラカン研究者の頭には、「大文字の法」とか「物の死」とか「純粋欲望」（これはJ・ナベールの言葉だが）とかが、がんがん鳴り響いているのであろう。これらの概念の教祖はカントであるという大前提のもとに……。

さしあたり一つだけ典型的な例を挙げてみよう。

「物自体」は――不幸なことに――カントの直後からずっと誤解されてきて、ラカンは壮大なこの誤解の圏内にいる。古典的には「物（Ding, res）」は――デカルトまで引き継ぐのだが――概念と変わらず、無矛盾概念それ自体なのだが、カントは時間・空間に位置づけられる物体を新たに「物」とみなした。前者を物$_1$、後者を物$_2$と呼ぶと、物$_1$がさらに時間・空間というわれわれの直観能力によってとらえられる限りで、物$_2$になるわけである。その場合、物$_2$以外の物$_1$に属する物（例えば、永遠不滅の魂）は、物自体とみなされる。

よって、「物自体はわれわれから独立にわれわれの認識の彼方に存在する」わけではなく、「物自体を想定しても、それはわれわれにとっては認識できず、単なる概念にすぎない」というだけのことなのだ。

長く綿密にカントを読んでくるとわかるのだが、倫理学に限っても、カントの『人倫の形而上学への基礎づけ』や『実践理性批判』は、大変立派なもので洞察に富んだものだが、同時におかしいところだらけである。また、——これを強調したいのだが——驚くほど素朴な議論に終始している。だが、カントを持ち上げる人は、こうしたおかしいところも素朴なところも素通りして、面白いところを拡大し、さらにそこに大幅な意味を盛り込んで「読解」しようとする。

私がラカンを読み出したのはつい最近のことで、福田肇さんと伊藤啓輔さんの主催するある研究会で、「カントとサド」(Jacques Lacan, *Kant avec Sade*, *Écrits II: texte intégral*, Seuil, Points Essais, 1999, pp. 243–268) を翻訳しながら解釈するという機会に恵まれたからだが、その限りで言うと、ラカンはじつに読み込みのうまい読み手だなあという印象であった。

彼のカントの読み方は、全体の構造をしっかり掌中にとらえて細部を読み解くというのではなく、はじめから細部に入ってしまい、そこにカント自身すら気がつかないほどの「問題」を読み取る、という仕方であって、その洞察は、じつに天才的と言える。ちょっと皮肉を飛ばすと、そこにまったく書いていないことすら「読み解いて」しまうのだから、まさに無から有を創造する天才である。

ラカンは、カント倫理学に関する教科書的図式を丸呑みにしたうえで、それにカントが挙げている具体的事例を重ね合わせて「厳密な」解釈を遂行している。だから、ほとんどいつでも議論の中心がカントの本来意図するところとは（微妙なようでじつは）大幅にずれている。

とはいえ、私はラカンのさまざまなカントに関する文献を渉猟して細かく彼のカントの読み方を実証するだけの力はないので、ここでは、カント倫理学を素直に読めばわかるはずの「おかしさ」と「素朴さ」を示すことによって、その限りでカントとラカンとのあいだに広がるギャップを示し、専門家の批判を仰ぎたく思う。

1

多くのカント倫理学を研究している者が、カントにおける道徳法則とは純粋な形式であると真顔で主張しているが、純粋な形式から倫理学が打ち立てられるはずがない。たとえ形式だけから成る倫理学が打ち立てられたとしても、それは論理学と区別のつかないものであろう。道徳法則はけっして（カント自身が言うような）形式だけのものではない。カントは道徳法則という形式にひそかに実質を取り入れているのであって、そうでなければ、どうして倫理学が成立しえようか？

カントが『人倫の形而上学への基礎づけ』でも『実践理性批判』でも、きわめて多くの実例に訴えて論証しようとしていることも、このことを示している。つまり、道徳法則とは実例がないとうまく説明できないものであり、しかも法則と内容（実例）とのあいだには、どう考えてもかなりの乖離があって、法則から内容が導かれるとするのはカントの思い込みと言っていいであろう。これについては、アドルノが見抜いている。

〈実例は判断力を欠いた者に必要な歩行器であるという〉自分自身の洞察に反して、カントは『実践理性批判』においては実例を侮らなかったのだが、彼が実例を必要としたことは、経験的〈実例への」すりかえを通してでなければ形式的道徳法則と人間存在との関係、さらには定言命法の可能性を示すことができなかったからではなかろうか、という疑念を呼び起こす。(Th. Adorno, *Negative Dialektik, suhrkamp taschenbuch wissenschaft* 113, Suhrkamp, 1997, S. 225, 邦訳『否定弁証法』作品社)

カントは道徳法則の普遍性・必然性を保証したかった。しかし、普遍的・必然的法則は自然法則以外に見当たらないのだから、「自然法則の内容を全部捨象してその形式だけを頂戴する」といううまい方法を考えついた。それが、『実践理性批判』における「範型論(Typus)」の課題である。

そのうえで、自然法から、キリスト教から、常識から、絶え間ない内容の密輸を企てて「道徳的な善さ」があたかも内容がなく形式だけの道徳法則から導けるかのような物語を述べ続けたのである。

内容の密輸については、あまりにも大仕掛けであり複雑であって、手がつけられないのでここでは眼をつぶると、とくに注目されるのは、「一般的(generell)」という次元と区別された「普遍的(universell)」という次元の開示である。

カントが挙げている(そしてラカンも論じている)諸例を見てみよう(3)のみ『人倫の形而上学への基礎づけ』、それ以外は『実践理性批判』から)。

(1)まず、「主のいない委託物を自分の所有にする」という例を考えてみる。委託物を家としよう。

その主はすでに死んでいて、かつ誰からも何の非難も受けず、かえって家を大切に使うほうが家そのものの保全に役立つとしても、すなわち、いかに実際的に被害者がいなくても、非難すべき事柄が生じなくても、委託物を自分の所有にすることは普遍的立法ではない。ラカンはここにポーランド消滅後の「ポーランド、万歳！」という台詞を繋いでその難点を示そうとしている。つまり主のいない委託物はそもそも「委託物」ではなくなる可能性を示している。しかし、カントにとってここにはまったく難点はない。法的概念としての「委託物」は、たとえその主が死んでも、世の中に委託物がまったくなくなっても、そうした事実とは独立に「存在」する。その場合でも、委託物を自分の所有物にするという行為は、法の精神に反するゆえに普遍的に認められないのである。

(2)次に、「情欲を充したあとにすぐさま絞首台が待っている」という状況において、すべての人は処刑を恐れて情欲を抑えるだろう、とカントは言う。これに対して、ラカンは「不良少年」たちは同じ状況下で、勇んで欲情を充たし甘んじて絞首台に上るかもしれないと茶化す。しかし、カントにとって、この違いはどうでもいいのであり、処刑を恐れるという動機も情欲を充たすという動機も、傾向性に基づく動機なのだから、たとえ現にすべての人がどちらかに従うとしても、せいぜい一般的段階に留まり普遍的立法ではない。

(3)痛風を患っている者は「美味なものを食べられるなら、そのあと私は苦痛に耐える」という規則に従うかもしれない。なぜなら、彼は目先の快楽を享受したいからであって、これは当然普遍的にはなりえない。しかし、カントの目からすれば、逆にたとえ痛風を患っているすべての人が「私は苦痛を避けたいので、美味なものを食べない」としても、これは苦痛を避けるという傾向性に基づく動機に従っているにすぎず、その限り、普遍的立法には至らない。

(4)自分の信念に反して偽証を強制される場合（とくに偽証しないと身の危険がある場合）、ほとんどの人は命惜しさに偽証をするであろう。しかし、すべての人が現に偽証をするとしても、理性が「偽証をするべきではない」と命じていることを知っていながら偽証をするのだから、「偽証をするべきではない」ことは普遍的となる。

カントの訴えたいことは、(4)は(1)から(3)までとは、まるで違う次元にあるということである。(1)から(3)までは、たとえ世界中の人が同じ見解を持ったとしても、せいぜい一般的に留まる。つまり、普遍的とは――奇妙なことに――事実どれほど多くの人がそれに従うかにはまったく関係のない概念であって、(4)の場合、たとえ現実にすべての人が偽証をしたとしても、つまりその命令を現実には誰一人として守らないとしても、「偽証するべきではない」という命令は「理性が命じるゆえに」現実とは別のレベルで普遍性を獲得する。

これは、（かなり無理はあるのだが）「三角形の内角の和は一八〇度である」という命題の真理性とパラレルであるとカントは考えた。この命題は何人の生徒が現に正解に達したかとはまったく無関係であり、「三角形」という図形自体からその真理性は保証される。

すなわち、唯の一人もこの正解に達しないとしても、やはりそう「判断すべき」なのである。こうした、「法の精神」と幾何学を不思議な仕方で結びつけた（それが「範型論」である）、見方によってはずいぶん奇妙な普遍性概念を、ラカンが正確に読み込んでいたかどうかは、はなはだ疑問と言えよう。

とはいえ、ラカンは、カントが(4)において単純に設定している「真実性＝誠実さ」に関して、鋭い切り込みをしている。ある男Kが「ユダヤ人である」と私が証言すれば、直ちに彼はガス室に追いやられることがわかっているときに、(1)私は真実を語るべきであろうか？　(2)私がKを間違ってユダヤ人と信じている場合はどうであろうか？　(3)私がKを間違ってユダヤ人ではないと信じている場合はどうであろうか？

カントの言う「誠実性の原理」にそって鑑みるに、いずれの場合も、私は自分が信じている通りに語るべきだとなろう。よって、Kが事実ユダヤ人である場合、(1)において私はやはり「ユダヤ人である」と証言すべきである。カントの原則はいささかもぐらつかない。しかし、(2)の場合、(3)の場合は、カントの念頭になかった局面であり、こういう局面を抉り出すことができる点で、ラカンはカントよりはるかに繊細な眼で人間を見ている。

とはいえ、この繊細さは、ラカンがカント倫理学の隠し持つ「したたかさ」を見ていないことを露呈してもいる。実際、カントは悪漢に襲われた友人を匿った場合、追跡してきた悪漢から「どこにいる？」と聞かれれば、真実を言うべきだと論じている（『人間愛から嘘をつくという誤った権利について』）。いかにも、むごい結論であるが、じつはカントはこのすべてを「そうすべきだ」という独特のリアリティーにおいて主張しているのであって、現実にはほとんどの場合、われわれがそうしないことを見込んでいる。そして、たとえすべての人がこの場合嘘をついたとしても、「真実を語るべきだ」という命法は、それ自体として普遍的に成り立つというわけである。

ラカンはカント倫理学に潜むこうしたしたたかな理性主義を充分読み取っていないように思う。よって、(2)の場合、(3)の場合、私が事実どう出るかは、倫理学にとってはどうでもいいことであり（これは人間学、社会学、心理学の課題である）、そうした事実性からは独立に、私は真実を言うべきであり、真実を正確に把握すべきであり、真実を間違えるべきではない、という一連の義務が無傷のまま屹立しているというわけである。

2

カント倫理学の理論構成は法的概念を転用したものが多いことに注意しなければならない。先ほど委託物を自分の所有にすることは法の精神に反するゆえに普遍的ではないと言ったが、こうした思想はきわめて強い形でカント倫理学の骨格を決定している。

例えば、『人倫の形而上学』の「法論の形而上学的原理」において、カントはその四分の一ほどを占有と所有（法的占有）との違いの考察に当てている。占有には、感性的占有（物理的占有）と可想的占有（純粋に法的占有）があり、前者は事実的・感性的な保持であるが、後者は権利上の保持であって「法的に私のもの（meum juris）」である。可感界と可想界（叡智界）という二世界も、存外モデルは簡単で、こうした占有と所有との互いに独立な保持の仕方に帰着する。

また、カント哲学における基本用語である「ア・プリオリ」とは、神の知性のうちにあらかじめあったものでもなく、イデア界にあるものでもなく、生まれる前にわれわれの魂（?）に存していたものでもなく、ＤＮＡのような経験的事実に場を占めるものでもない。それは、ちょうど人格権とか相続権のように、個人が生まれることを条件として、生まれたときに根源的に獲得する権利なのである。

人格（Person）もまたもともとは法的概念としての責任主体であって、その資格のない物件（Sache）に対立するものである。よって、それは（狭義の）道徳的領域でははたらく余地がない。ある人が契約を履行しなければ私は彼に責任を問えるが、彼が信用を維持しようという動機のもとに（つまり、道徳的には善くない動機で）契約を履行したときに、彼に責任を問うというのは奇妙であろう。

だから、表面的には、カント倫理学は行為の外形（身体の動き）ではなくその内面（動機）を優先しているように見えるが、深層に分け入ると、ずっと行為の外形を重んじている。このことは、カントにとって、「何が外形において善い行為か（適法的な行為か）?」という問いも、それに対する答えもないことによってわかる。

カントが問うていることは、「たとえ外形的に善い（適法的な）行為でも道徳的には善くないことがある」ということであって、よって適法的な行為のうちで、道徳的でない行為と道徳的に善い行為を区別する基準を求めることである。

カント倫理学においては――驚くべきことに――適法的でない行為は排除されているのである！　言いかえると、「何が善い（適法的）行為であり、何が悪い（非適法的）行為か？」という問いにはまったく無関心なのである。カントに関心のあった問いは、ただ「もしHが適法的な行為なら、どのような場合にHはさらに道徳的に善い行為か？」ということだけであって、したがって――さらに驚くべきことに――「もしHが非適法的行為なら、それは自動的に道徳的に善い行為ではない」ことになる。すなわち、道徳的善さの判定基準は動機だけなのだが、もし（自殺のように）ある行為が外形的に悪い（非適法的）行為とみなされるなら、それは動機のいかんにかかわらず道徳的に悪い行為とみなされてしまうわけである。とすれば、道徳的に善い行為には、行為の外形のみならず動機が必要であるといっても、それはあらかじめ外形において適法的行為を実現している限りにおいてなのだから、行為の外形のほうが動機よりよっぽど優先されているとも言えるのではないだろうか？　私見では、どうも多くのカント学者はこうした恐るべき空白に気づいておらず、ラカンもまた同罪だと思う。

「定言命法」は適法的行為のうち道徳的に善い行為を導き出す基準を与えるものだが、次に書き出してみる。

第一方式　きみの意志の格律が常に同時に普遍的立法の原理として妥当するように行為せよ。

第二方式　きみ自身の人格ならびに他のすべての人格における人間性を、いつでも同時に目的として使用し、けっして単なる手段としてのみ使用しないように行為せよ。

カントはここで動機について何も語っていない。第一方式も第二方式も、「……と行為せよ」という命法であって、「……という動機を持て」という命法ではない。

では、定言命法は動機といかなる関係にあるのか？　道徳的善さを表すのは、仮言命法であってはならず定言命法でなければならないのはなぜか？

定言命法とはいかなる条件のもとにもない命法なのではなくて、それは「幸福の原理」という条件のもとにはない命法なのである。「もし、親を悲しませたくなかったら、自殺するな」とか、「もし、評判を落としたくなかったら、約束を守れ」という例は容易にわかるであろう。親が悲しくなければ（すでに亡くなっていれば）自殺してもいいことになってしまい、評判が落ちなければ約束を守らなくていいことになってしまうからである。そうなら、この仮言命法は「常に同時に普遍的立法の原理」にはなりえない。

だが、ここで見落としてならないことは、たとえ条件として「完全な人間になる」とか「誠実に生きる」とかを入れて「完全な人間になるという条件のもとに、自殺するな」とか「誠実に生きるという条件のもとに、約束を守れ」という仮言命法で表してしまう限り、やはり道徳的善さを表してはいないということである。なぜなら、条件節にまず項目を入れる限り、それは根本的な欲求とみなされ、スピリチュアルな幸福の実現であり、広い意味の「幸福の原理」に基づいてしまうからである。

あえて言いかえると、定言命法とは「法（道徳法則）を遵守する」という動機のもとにのみある命法である。よって、定言命法とはいかに崇高なものであろうと、それ以外のいかなる具体的な動機にも基づいてはならない。ただ「法の精神を尊重するがゆえに法を遵守する」という動機のみからなる命法なのである。

3

ラカンは道徳法則に対する尊敬の感情のうちに「大文字の法」という「とんでもないもの」を読み込むが、じつは『実践理性批判』において「動機論」は主要な理論ではない。たったいま確認したように、定言命法によってすでに道徳的善さの普遍性は抉り出せる。しかし、人間という肉体を持った理性的存在者の道徳的善さへの態度は「動機」という心理学的概念で説明するとわかりやすいというだけである。

よって、ここに登場してくる尊敬という感情は一つの説明方式にすぎないのであって、心理学的事実としての尊敬という感情とストレートに同一視すると混乱してしまうであろう。

そうした但し書きを添えたうえで見てみると、「道徳法則に対する尊敬」の感情とは、自己愛や幸福を表す動機をすべて排斥したと想定される心の状態に付与したタームである。すなわち、尊敬の感情はそれ自体としてとらえられるものではなく、理性がさまざまな傾向性に属する動機を軽蔑するさいに（これをカントは「知的軽蔑（intellektuelle Verachtung）」と呼ぶ）反射的に生じる感情にほかならないとされるのである。

こうした議論を振り返ると、道徳法則に対する尊敬とは心理学的な尊敬の感情というよりも、むしろ「法に対する（所有権、契約に対する）尊敬」というさいにわれわれが理解していることとぴったり重なり合うことがわかる。法に対する尊敬とは、一定の心理状態なのではなく、「なぜ法を遵守するのか？」という問いに答えうるようなものである。

「なぜ他人の物を盗らないのか？」という問いに対して、「それは私の物ではなく他人の物だから」と答えるとき、私は法に対する尊敬に動機づけられている（法の精神を尊敬している）が、「刑務所に入りたくないから」あるいは「世間から非難されたくないから」と答えるとき、私はこうした尊敬に動機づけられていない。このことは、よくわかるであろう。折に触れて、われわれが法（道徳法則）に対する場合、その「文字（Buchstabe）」（外形）のみではなくその「精神（Geist）」を把握しなければならない、とカントが言うのはこの意味である。

しかも、法（道徳法則）に対する尊敬は自律でなければならない。感性的なもの（傾向性）に触発されてはならないのみならず、権威や因習や神の声に促されてもならない、とされる。私が法（道徳法則）に盲従して、いわば自動的に適法的行為を実現するなら、それもまた道徳的に善い行為ではなく、「回転焼串機」や「ねじを巻かれたマリオネット」や「ヴォカンソンの自動機械」と同じ機械にすぎないとみなされる。

ここから、われわれは自動的に善を実現してはならないこと、すなわち、可能的にも悪を実現できなければならないこと、すなわち「悪への自由」というきわめて厄介な問題が生じてくる。

4

悪は傾向性（感性）のうちにも理性のうちにも存しないのであって、感性的な理性的存在者のうちに、すなわち感性と理性とが「接木（aufpfropfen）」されている構造のうちに存する、というのがカントの基本構図である。

感性的な理性的存在者には悪への性癖（Hang）が与えられているのであるが、それに逆らわず、それを自分の格律に取り入れてしまうところに、すなわち、「幸福にかなう限りで道徳性を求める」というように、幸福を第一に、道徳性を第二にするという「転倒（Verkehrtheit）」を犯すところに「根本悪（das radikal Böse）」が生じる。

あることが悪であることはわかっていても、人間という感性的かつ理性的存在者はそれを避けることができないのだから、ここに過酷な状況が開示される。それは、われわれが適法的行為を追求することがすなわち「幸福にかなう限りで道徳性を求める」という転倒を犯すことであり、道徳的悪を実現することになってしまうということである。

われわれは積極的に悪を求めるのではない（カントはこれを「悪魔的悪」と呼び、人間にとっては不可能だと言う）。むしろ、善を求めようとすると、適法性の枠を実現しようとやっきになり、結果としてその動機は道徳性（真実性）より幸福や自己愛を第一にしてしまう転倒を犯し、悪に陥ってしまうのである。

こうしてみると、「自由による因果性（Kausalität durch Freiheitat）」が自然因果性に影響を及ぼすことはできないということの重みも見えてくる。この因果性は、ある人Mの責任を追及するときに有効な概念装置であるが、Mがなぜこの原因性に従って道徳的に善い行為を実現しなかったのかを説明する概念装置ではないことがわかる。

Mはそれが道徳的に善くないことを意識していながら、約束を破り（非適法的行為）、あるいは評判を落としたくないから約束を守る（適法的行為だが道徳的に善い行為ではない）。そして、そのことを後悔もし、自責の念にもとらわれるのだが、ここに重要なことは、それにもかかわらずMがそれを実現していしまったことである。しかも、Mは自動人形のように悪をなしたのではない。それなら、Mはやはり「ねじを巻かれたマリオネット」にすぎないであろう。そうではなくて、Mは自由に悪を選んだのである。

人間という理性的存在者は、――残酷なことに――何をすべきかを知っていながら（理性の事実）、それを現にすることができない存在者なのである。「きみはできる、なぜならすべきだから（Du kannst, denn du sollst）」という言い回しにおける「できる」は、現にできることではなく、できるはずだということにすぎず、われわれが現に悪い行為をしてしまうことを排除しない。

とすると、われわれ人間は道徳法則を尊敬すべきことを知りながら、現実にはそれが原理的にできない存在者であることになり、理性はいかに絶対的に（定言的に）「～すべし」とわれわれに命じようとも、われわれがそれに逆らって悪を実現することを阻止する力を持たないことになる。

なぜ、理性はわれわれをして道徳的善を実現させることができないのに、われわれに「〜すべし」と命ずるのか？　なぜ、われわれはそれを尊敬するのか？　そして、それを尊敬しながら、実現しようとしないのか？　こうして、人間存在の引きちぎられた過酷な状況に関して問いは先鋭化していく。

だが、ラカンはこの問いを裏返しにし、そのことによってこの問いは見かけ上消失し、別の問いに変身してしまう。彼は、道徳法則を尊敬している理性的存在者がなぜ現に悪いことをしてしまうのか、という問いを立てず、その代わりに、われわれ人間は、何の幸福も自己利益をもたらさないのに、なぜ道徳法則に従おうとするのか、という問いを掲げるのだ。

この問いは、カント倫理学に対するラカンのさまざまな無理解にもかかわらず、カント倫理学の中核を食い破り、「理性信仰」の意味を根本的に転換させてしまう。われわれ人間は現に揺るぎない理性を有しているわけではない。われわれはただひたすら理性を信じるだけなのであり、しかもそこには何の確固とした土台もないのである。

あとがき

カント倫理学とは、学生時代からの長いつきあいである。「カントの図式論」を卒業論文として提出してから（一九六九年）、ずっとカントには関心を抱き続けていたが、その大半は理論哲学であって、倫理学に対する興味は比較的薄かった。本郷の哲学科の大学院に進んでからも『実践理性批判』や『人倫の形而上学への基礎づけ』を演習や講義で学んだ記憶はない。だが、留学先のウィーンで、ある日『実践理性批判』の複雑に絡み合った結び目がすっとほどけるような奇妙な体験をし、さらにベネディクト教授のカント倫理学に関する演習に出て、カントの自由論がまさに眼から鱗が落ちるようにわかったような気がした。

こういうわけで、はじめてカント倫理学についての研究成果を問うたのは、ドクター論文（「カントの時間構成の理論」）をウィーン大学に提出し（一九八三年）、帰国後、東大の助手時代に書いた「自由による因果性」（『理想』、一九八四年）であり、また同年のアメリカのペンシルベニア州立大学での国際カント学会で発表した「超越論的自由と実践的自由」であった。

その後もカント倫理学に関して自分なりに思索し続け、「カント研究会」の仲間たちの発表などを通じて興味を持ち続けていったが、結局自分の関心は「自由とは何か?」という問いであり、それは「責任とは何か?」という問いを経て、さらに「われわれ人間はなぜ悪を実現する自由があるのか?」という問いに連なる。

そして、ようやくにして私はカント倫理学に関する二十年来の疑問に対して『悪について』(岩波新書、二〇〇五年)において一応の解答を示してみた。これは、『単なる理性の限界内における宗教』における「根本悪」を中心とした小論であって、それなりに「悪」の問題に照明を当てたが、いまから振り返ると、私はまだカント倫理学の核心がよくつかめていなかった。

今回、からだの底に響くようにわかったことはカントが考えている「道徳的善さ」とは何かということであり、それを解明する観点は(互いに関係するが)次の五点に絞られるように思われる。

(一)「誠実性の原理」
道徳法則は論理学のように単なる形式から成っているのではない。論理形式からどうして倫理学が成立しえよう? 道徳法則は、はっきりした内容を持つ。それは「幸福の原理」に対して「誠実性の原理」と言うことができる。いかなる場合でも、「幸福の原理」ではなく「誠実性の原理」を第一にして行為すること、それが道徳的に善いことなのだ。だが、「誠実性」とは何か、われわれが自分の心を探れば容易に見通せるわけではない。それはどこまでも謎なのだ。とはいえ、「誠実性」という言葉がまったく無意味であるわけではないであろう。サルトルの言うように、誰しも常に自己欺瞞に投げ込まれているわけではないであろう。概念的に思索を開始すればたちまち濃霧に包まれてしまうが、誰でも実現された具体的行為の瞬間にそれを端的に知ることもできるのだ。

㈡意志の自律

カントの理性信仰とは、耳を澄ませば理性の声がそのまま聞こえてくることではない。正確に言いかえると、「耳を澄ませば」聞こえてくるが、それは「嘘をつくな」というような大まかな指針のみである。細部にわたってそのつど理性が各人に何をすべきか教えてくれるなら、それは「神の声」と同じく無限に他律に近くなってしまうであろう。さらに、われわれはほとんどの場合、耳を澄まさないで、最終的には自己愛に帰着する「幸福の原理」に従った声を聞こうとしてしまう。これを言いかえれば、われわれ人間は、理性に問いかければ、何の障害もなく何が道徳的に善いことで何が道徳的に悪いことか、たちまち解答を手にするわけではない。こうして、われわれが手にしているのは、定言命法や道徳法則といったはなはだ抽象的で形式的な灯りのみなのであり、行く手を隅々まで照らし出してくれる気前のいい灯りなのではない。各自その不充分で危なげな灯りを頼りに、みずから暗闇に一歩を踏み出すほかないのである。

(三)行為が生起する時としての根源的現在

自由とは、過去の（道徳的に善くない）行為に関して、その行為者の責任を追及するためだけに必要とされる概念ではない。あらゆる行為は自然因果性によって生ずる。このことと自由とはいかに両立するのか？　ここで時間から、過去・現在・未来の区別を取り払い、単なる出来事の順序とみなすと、あらゆる行為は自然因果性によってあらかじめ決定されていることになり、自由は成立しえないであろう。だが、たとえ過去に生起した行為が自然因果性によって完全に規定されているとしても、いままさになされる行為が自然因果性によって規定されていることにはならない。ここには「いま」という根源的現在が開かれているのだ。「いま」われわれは根源的に自由である。だが、いったん行為を実現してしまうと、それは完全に自然因果性によって規定されたものとして認識できるのである。

(四)悪への自由

われわれの行為があらかじめ完全に自然因果性によって決定されているのなら、自由は消失する。もしこうした硬い決定論的世界を採用せずに自由の成立する余地を残し、かつ自然因果性の有効性をも廃棄しないとすれば、一つの選択しか残されていない。それは、われわれは「いま」根源的に自由であり、その「いま」において自動的にではなく、悪への自由（性癖）の開かれているただ中で、それに逆行して善いことを選べるということである。善を選ぶ自由には、悪を選ぶ自由が前提されなければならない。このことは、「意志の自律」を言いかえたものにほかならない。

㈤神の配慮

もし人間を含む世界を創造した根源的存在者（神）がいるとするなら、その者は、われわれが不充分で危うい灯りを手に暗闇を進んでやっと道徳的善さに向かうことができるようにわれわれを創造したのである。ねじが巻かれたマリオネットのようにでもなく、神の処罰を恐れているからでもなく、自分の「うち」から自発的に求めるという態度をもって、しかもこうした困難な過程をたどって道徳的善さに至ること、それが人間にとっての道徳的善さにほかならない。

（なぜか）容易に悪に陥るような性癖を具えたものとして創られた人間が、それにもかかわらずその性癖に逆行して道徳的に善いことを求め、それを必死に実現しようとすること、そのことのうちにしか道徳的善さはない。言いかえると、（なぜか）容易に嘘をつくような性癖を具えたものとして創られた人間が、それにもかかわらずその性癖に逆行して真実＝誠実を求め、それを必死に実現しようとすること、そのことのうちにしか道徳的善さ、いや人間としての尊厳は認められないのだ。

愛、優しさ、勇気、寛大、節度、謙虚、忍耐力、統率力、知性、教養等々、他にいかなる「善いもの」を具えていても、この点で欠けている人間は尊敬に値しない。逆に、これらすべてが欠けていても、足許から滑り落ちるような困難な状況にめげずに真実＝誠実を求める限り、人間として尊敬すべきなのだ。そうカントは教えている。そして、哲学を志してから四十五年近く、暗闇の中をあちこちぶつかりながらどうにか歩いてきて、私はまったくその通りだと思うのである。

二〇一一年四月十一日

東日本大震災から一ヵ月、リスボンの大地震（一七五五年十一月一日）から二百五十五年四ヵ月余が経って、神があるとすれば、これらはいかなることか、とあらためて考えながら……。

中島義道

索 引

サ　行

タ　行

ナ　行

ハ　行

マ　行

ヤ　行

ラ　行

著者略歴

1946 年　福岡県に生まれる
1977 年　東京大学大学院人文科学研究科修士課程修了
1983 年　ウィーン大学大学院基礎総合学部修了　哲学博士
現　在　哲学塾カント主宰
主　著　『明るいニヒリズム』（PHP 研究所）
『『純粋理性批判』を嚙み砕く』（講談社）
『きみはなぜ生きているのか？』（偕成社）
『悪について』（岩波新書）
『カントの読み方』（ちくま新書）ほか

悪への自由　カント倫理学の深層文法

2011 年 10 月 25 日　第 1 版第 1 刷発行

著　者　中《なか》島《じま》義《よし》道《みち》

発行者　井　村　寿　人

発行所　株式会社　勁《けい》草《そう》書　房

112-0005　東京都文京区水道 2-1-1　振替　00150-2-175253
（編集）電話 03-3815-5277／FAX 03-3814-6968
（営業）電話 03-3814-6861／FAX 03-3814-6854
日本フィニッシュ・ベル製本

ISBN978-4-326-15419-7　Printed in Japan